绽放美好

国能神东煤炭企业文化建设系列丛书

品牌篇

U0732622

韩浩波 主编

电子工业出版社

Publishing House of Electronics Industry

北京·BEIJING

图书在版编目（CIP）数据

践行者. 绽放美好：品牌篇 / 韩浩波主编 . —北京：电子工业出版社，2023.7
（国能神东煤炭企业文化建设系列丛书）
ISBN 978-7-121-46965-7

Ⅰ.①践… Ⅱ.①韩… Ⅲ.①煤炭企业—企业集团—企业文化—研究—中国 Ⅳ.① F426.21

中国国家版本馆 CIP 数据核字（2024）第 001672 号

责任编辑：胡　南　李楚妍
印　　刷：中国电影出版社印刷厂
装　　订：中国电影出版社印刷厂
出版发行：电子工业出版社
　　　　　北京市海淀区万寿路 173 信箱　邮编：100036
开　　本：720×1000　1/16　印张：79　字数：1200 千字
版　　次：2023 年 7 月第 1 版
印　　次：2023 年 7 月第 1 次印刷
定　　价：500.00 元（全 5 册）

凡所购买电子工业出版社图书有缺损问题，请向购买书店调换。若书店售缺，请与本社
发行部联系，联系及邮购电话：（010）88254888，88258888。
质量投诉请发邮件至 zlts@phei.com.cn，盗版侵权举报请发邮件至 dbqq@phei.com.cn。
本书咨询联系方式：010-88254210，influence@phei.com.cn，微信号：yingxianglibook。

国能神东煤炭企业文化建设系列丛书
编辑委员会

前言

　　品牌是经济高质量发展的重要象征，也是质量强国的内在支撑。中共中央、国务院高度重视品牌建设工作，把每年5月10日设立为"中国品牌日"。2023年，中共中央、国务院印发《质量强国建设纲要》，推动中国制造向中国创造转变，中国速度向中国质量转变，中国产品向中国品牌转变，全方位、多角度讲好中国品牌故事。

　　立足新发展阶段，国家能源集团将品牌建设提到新的高度。为全面落实品牌强企的要求，深入贯彻"四个革命、一个合作"能源安全新战略，有力支撑集团"一个目标、三型五化、七个一流"总体发展战略，以一流企业文化为引领，创新性地提出RISE品牌战略。RISE品牌战略体系采用一主多元的复合型品牌架构，在"国家能源（国家能源集团）"母品牌下，包含产业品牌、公司品牌、产品/服务品牌、要素品牌等多个品牌层级。

　　集团在RISE品牌战略指引下，国能神东煤炭集团有限责任公司（以下简称"神东"）坚持以创新为魂、质量为本、诚信为根，凝聚企业核心竞争力，塑造神东品牌形象，努力建设具有神东特色的品牌新格局，初步形成了以"神东煤"产品品牌为核心、以"神东人"实干内涵为基点、以"生态环保"等服务品牌为形象支撑的品牌建设思路。在文化品牌建设上，积极打造了"煤海塞罕坝""神东救援""神东煤海'乌兰牧骑'"等一系列具有影响力、广大员工和群众认可的文化品牌，不仅传播了神东好声音，提升了神东的美誉度，也成为国家能源集团品牌矩阵的重要组成部分。

　　《绽放美好——品牌篇》作为"国能神东煤炭企业文化建设系列丛书"的第三册，从文化践行、文化惠民和文化传播三个角度，呈现了近年来神东在文化品牌建设方面的工作成果。文化践行主要展示了神东各部门、单位在践行国家能源集团和神东企业文化的经验和做法，承载着神东企业文化的精髓，体现了神东人在各个领域的努力和贡献。文化惠民部分主要展示了神东为满足员工和群众需求，精准有效供给文化服务，倾情打造的若干广受欢迎的文化惠民服务品牌，体现了神东对增进员工福祉的努力。文化传播部分主要展现了神东在文化传播领域的品牌建设实践，不仅将企业文化品牌传播方面好的做法加以总结推广，还通过积极引领文化潮流，提升了神东的影响力。

《绽放美好——品牌篇》为读者提供了一个深入了解神东文化的窗口，并向社会传递了神东富有生命力的文化品牌，特别是为神东各部门、各单位的品牌建设，提供了有益的借鉴，有利于推动神东文化建设的创新，营造共创共惠的文化氛围。

编者

2023 年 7 月

目录

国能神东煤炭企业文化建设系列丛书

01

文化践行

　　企业文化建设关键在落地践行，让企业倡导的价值观，融入企业的经营管理实践中。在神东的文化践行过程中，以绿色低碳闻名的神东煤、以智慧开采为特质的神东矿、闪耀神东精神的神东人，是神东发展历程中最为熠熠生辉的宝贵财富。浸润青山绿水的生态文化、以生命至上为内核的安全文化、凸显责任担当的救援文化、依托平台成才的人才文化等，体现了神东对"安全、高效、创新、协调"核心价值观的坚守与践行。

神东煤　城市环保的救星

> "煤炭作为我国主体能源，要按照绿色低碳的发展方向，对标实现碳达峰、碳中和目标任务，立足国情、控制总量、兜住底线，有序减量替代，推动煤炭消费转型升级。"

> ——2021年9月习近平总书记在陕西榆林考察时的讲话

煤炭，黑色的矿石，是我们生活中最重要的能源之一。它们虽然不如花草树木般娇美，却有着属于自己的美丽。当太阳升起的时候，煤炭里的光泽会随着阳光的照射闪耀出不同的光彩，仿佛在向我们诉说着自己的美妙。而在夜晚，地处黑暗的地层中，它们却显得格外亮眼，像是一颗颗发光的宝石。煤炭在工业生产中有着不可替代的作用，也是我们日常生活中必不可少的能源，即便是如今在科技飞速发展的年代，煤炭仍然是支撑我们经济、社会和生活运转的基石。然而，我们也不能忽视煤炭开采带来的环境问题。

作为中国和全球领先的煤炭企业，神东坚持打造生态矿区、建设绿色矿井、生产清洁煤炭，在矿区生态修复治理、煤炭清洁开采等方面，综合施策，多管齐下，走出了一条生态优先、绿色转型发展的新路子。

"用煤和用气一样干净"

神东煤的特征是"三低一高"，即低硫、低磷、低灰、中高发热量，是优质动力、化工和冶金用煤。对神东人来说，煤质是效益的源泉，更是品牌的保证。煤质管理，已成为神东一项常态化管理手段。通过在线监测、自动取样检验等措施，神东实现了对煤质的全流程控制，确保产品的优质、清洁。同时，以煤炭清洁高效利用为重点，神东围绕燃料煤、原料煤、煤基材料三个方向，加大清洁煤炭产品研发

图为满载商品煤的列车即将驶离神东矿区

来源：国能神东煤炭新闻中心

力度，扩大煤炭洗选、配煤、精加工和分质分级利用，形成了神洁、神优系列等20种不同规格产品的环保煤，拓宽清洁高效利用渠道，让神东煤成为造福万民的"环保救星"。"三低一高"的神东环保煤，与一座座国家能源集团超低排放机组相结合，烟尘排放低于 5mg/m³，达到并超过了天然气的排放水平，在点亮万家灯火的同时，也把对环境的影响降至最低。

经过煤制烯烃MTO装置的层层转化，黑色"乌金"就会变成一颗颗洁白的"珍珠"。由煤炭转化而成乙烯、丙烯、聚乙烯等煤化工产品，应用到水利、医疗、建筑、机械、汽车、航天等各个领域，为人民群众的生活带来便利。"用煤和用气一样干净"，这是神东人的保证，也是神东人的担当，更是神东人对煤炭产业最大的热爱和贡献。

产煤不见煤，采煤不见矸

说起煤矿，高耸的煤堆和矸石山，飞扬的煤尘，流淌的黑水，还有塌陷的地

国能神东煤炭
企业文化建设系列丛书

表，人们的脑海中不由会闪过这样的景象。而在神东矿区，由于坚持绿色开采和环境保护，呈现出一幅"产煤不见煤、采煤不见矸、矸石不外排、天蓝荒漠绿、煤海碧水流"的美丽画卷。

图为洗选中心大柳塔选煤厂鸟瞰图

来源：国能神东煤炭新闻中心

　　煤炭，是大地母亲对全体人类的惠赠。然而，在煤炭开采、洗选、运输等过程中，又实时产生着对生态和环境的损害，主要表现在煤炭采空区、地表破坏、粉尘污染，以及对地下水的影响。治理，从源头开始。针对煤田蕴藏实际，神东通过不懈地创新与努力，先后突破了5米、6.3米、7.0米、8.0米、8.8米大采高加长综采工作面，以及采用厚煤层放顶煤开采技术、切顶留巷无煤柱等尖端开采技术，实现了安全开采、高效开采和绿色开采。

　　对开采中产生的煤矸石，神东通过自主创新的"分层开拓、无盘区划分、全煤巷布置、立交巷道平交化"采掘布置技术，最大程度减少矸石产出量，充分利用井下废巷和贮矸硐室充填矸石进行煤矸置换，实现井下矸石不升井；排出地面的洗选矸石，主要用于发电、制砖、填沟造田，做到了"采煤不见矸"。从矿井到地面，煤炭的生产、运输、储存、洗选、装车，全部通过胶带输煤栈桥和原煤仓、产品仓、装车塔实现封闭运行，全程不落地；而铁路外运、销售煤炭，则采用自主研发的封尘固化剂喷洒固化煤列表层，降低铁路沿线的煤尘污染，实现了"产煤不见煤"。

"三废"治理不吝投入

"废水、废气、固废"，是煤矿开采影响环境的"三废"，神东人向来是不吝投入、重拳治理。多年来，神东在党的领导下，地方政府的支持下，坚持开发与治理并重，累计投入生态环保治理资金59.5亿元，生态治理面积达到473平方公里，全面建设了清洁生产、"三废"治理、综合利用设施。所有矿井井下煤尘治理采用集控措施，对工作面及巷道实施喷雾与水幕喷洒措施，有效控制煤尘污染；对于地面集中采暖供热小区，采取"热电联供"模式减少烟尘产生，分散矿井所有锅炉统一安装了除尘脱硫设施，烟尘排放全面达标；应用煤炭开采地下水保护关键技术，地面建成38座废水处理厂和3座深度水处理厂，实现地下分布式水库、选煤车间、锅炉房构成废水闭路循环系统，和生产复用、生活日用、生态灌溉实现水的多种利用，在一个缺水地区建成了超10万人生活、年超千亿元产值的大型煤炭生产基地。

煤矿开采，不能以破坏环境为代价。这是神东人坚定的承诺，也是神东人多年来夙兴夜寐、为之奋斗的目标。今日，这美丽的矿区告诉我们，神东人言出必践，一诺千金。

撰写人：马健雅　张小艳　石智高　刘娜　刘海平

点评

"环保救星"既是社会各界对神东煤的赞誉，也是对神东人精益求精、追求卓越质量的认可。在推动煤炭清洁高效利用，践行"双碳"目标的道路上，神东以"生活低碳、生产零碳、生态负碳"为努力方向，用坚定的步伐向社会展现了"采黑治绿"的"大气魄"！

神东人　神东精神的传承者

"劳模精神、劳动精神、工匠精神是以爱国主义为核心的民族精神和以改革创新为核心的时代精神的生动体现，是鼓舞全党全国各族人民风雨无阻、勇敢前进的强大精神动力。"

——习近平总书记在全国劳动模范和先进工作者表彰大会上的讲话

神东矿区地处晋陕蒙交界处，是全国首个2亿吨级煤炭生产基地；神东，是中国煤炭行业的领跑者；神东，还是一个精神地标，一代又一代神东人用自己的行动诠释着"艰苦奋斗、开拓务实、争创一流"的神东精神。

劳模的"快掘"人生——薛占军

在神东矿区，说起神东的全国劳模，第一个想到的就是薛占军。说起世界首套快掘系统，第一个想到的还是薛占军。1988年，薛占军以一名"农民轮换工"的身份进入了神东工作。他踏实好学，干完自己的工作也不升井回家，而是在井下帮着干活，有时间就去研究煤机。由于勤奋努力，他很快掌握了煤机的检修技能。一岗多能的薛占军在工作岗位上表现突出，2000年时通过了选拔招聘考试，成为神东正式员工，圆了自己的第一个梦想。

2009年，薛占军担任大柳塔煤矿连采三队队长一职。他干劲十足，把其他工人的工作热情也调动起来了。当队长的第一个月，就遇到了大柳塔煤矿首个薄基岩，采高只有2.6米，如果技术不过硬就会造成顶板破碎。面对复杂的工作条件，连采三队的同志们没退缩，他们以自己高超的技能，创造了大柳塔煤矿连采月进尺1860米的历史最高纪录。

2013年，世界首套全断面高效快速掘进系统落户大柳塔煤矿，矿领导综合考

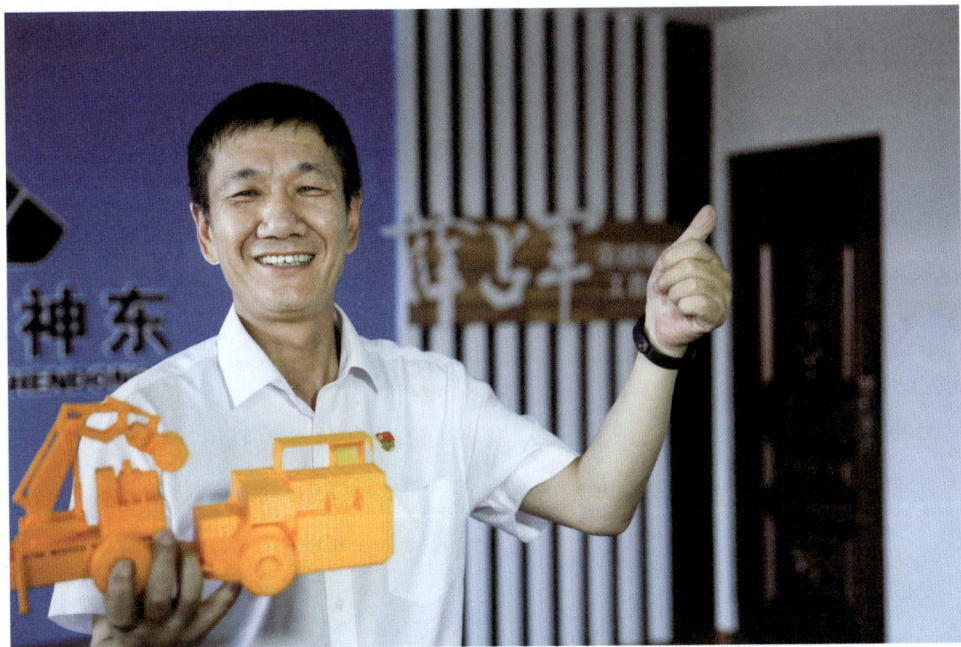

图为全国劳模薛占军

来源：国能神东煤炭新闻中心

虑，将这项光荣而艰巨的任务交给了连采三队，交给了薛占军。同年2月6日，系统开始试生产，由于设备的设计数据和实际差距较大，系统存在缺陷和不足。只要割煤就会堵，只要运行就洒煤。队员们不停地用大锤砸块，用铁锹清煤。筋疲力尽的铁汉子们，吃班中餐的时候连两根轻飘飘的竹筷子都抓不住，抖抖索索地洒一身。

在薛占军的带领和鼓励下，队员们拼上了全部的热情。前两个月，全队员工每天作业超过13个小时，终于把月进尺从362米提升到了1505米。新设备试运行期间，重点还是要找出问题，只有不断改进，设备才会更加完善。第一个面掘好后，设备厂家按照薛占军和队友们提出的各类整改意见，对快速掘进系统进行全面技术改造。有了第一次的运行经验和暴露出来的问题，第二次快速掘进系统得到了优化，设备故障率降低了，彻底解决了撒煤的弊端，另外单独增加了破碎机。接下来的第3个工作面，随着快速掘进系统的日趋完善，后配套设备运行日趋稳定，员工的相互配合也越来越熟练，系统的优势得到充分发挥。

2013年12月至2014年8月，月进尺从1902米更新到3088米，薛占军带领下的大

文化
践行

柳塔煤矿连采三队应用世界首套全断面高效快速掘进系统创下单巷单班掘进88.7米、圆班掘进158米的世界纪录，是国内普遍采用的连采工艺掘进速度的4倍。2015年，薛占军被评选为"全国劳动模范"。

随着快速掘进系统的成功应用，薛占军获得了去澳大利亚考察调研的机会。在当地的曼得隆煤矿，他发现只要粉尘浓度降到相关要求以内，就不需要戴口罩，回来后他苦心钻研掘进工作面的降尘方法，最终确定了用"长压短抽"的通风方式降尘。经过多次改进和完善。如今掘进工作面的粉尘浓度从原来的28.8mg/m^{3}降为1.0mg/m^{3}以下，工友们的作业环境得到极大改善。

快速掘进系统的投用，打破了薛占军的固有思维，让他对创新有了更多的思考，他说："以前的小改小革，是被动地创新；而主动创新，能帮我们更好地开展工作。"为了更系统、更迅速地创新，薛占军长期活跃在创新第一线，成为劳模创新工作室的领军人物。

2020年8月27日，"薛占军劳模和工匠人才创新工作室"正式揭牌。工作室成立3年来，在劳模薛占军的带动下，矿井在采掘技术、"一通三防"、机械自动化、信息无人化、绿色节能、管理提升等方面硕果累累，研发出了科技创新及五小成果192项，获得专利授权12个，发明专利3个，创造了较好的经济效益。

薛占军的成长是一个鲜活的样板，他资质平凡，起点不高，没有太多惊天动地、气壮山河的事迹，但他三十多年如一日，用苦干实干的工作作风和强烈责任心把每一件工作做细、做好，他就像沙漠中的绿色沙棘，默默地留下一抹有生命力的苍绿。

薛占军说："神东是一片造就人才的沃土，是一座锻炼人才的大熔炉。在神东，只要努力，每一个人都大有可为！"

一朵骄傲的焊花——顾秀花

33年耕耘铸就了高超技艺，百万道焊缝"零失误"纪录保持，完成五小成果、科技创新项目60余项，发表论文10余篇；先后承担300余台连采机、采煤机、梭车的焊接修复工作，攻克了连采机耐磨板焊接修复、铸铁焊接修复、奥钢联掘锚机部件焊接修复等众多技术难题，为神东节约资金4300余万元，为推动我国特大型煤炭基地重型矿山设备修复做出了突出贡献。

图为顾秀花正在进行焊接作业

来源：国能神东煤炭新闻中心

　　她就是设备维修中心焊工技能工作室国家级技能大师，人称"女焊花"的顾秀花。她用一把焊枪在钢板上"绣花"，她的焊接手法被大家誉为"秀花焊"。她曾获得全国"三八红旗手"、央企"巾帼建功标兵"等多项荣誉。

　　"对待任何焊接问题，我都会像对待生病的孩子一样'对症下药'，耐心修复好！"她把这句话当成人生信条。

　　1987年，顾秀花毕业于内蒙古乌达技工学校，被分配到乌达矿务局安装公司，成为一名电焊工。不到一年，她就掌握了平、仰、横、立等焊接技能，并以优异成绩拿到了焊工操作证。两年后，她考取了"锅炉压力容器"焊工证书。1990年，顾秀花第一次参加乌海市焊工技术比武，获得了第四名。1991年，在内蒙古电焊技术大比武中，她荣获第一名。

神府东胜煤田的大开发，激发了她和丈夫去外面世界"闯一闯"的想法。2003年的春天，顾秀花凭借出众的履历应聘到设备维修中心维修一部。维修一部主要承担的是JOY采煤机、连采机、梭车的大型维修任务，而顾秀花所在的焊工班，则肩负着以上设备结构部件的焊接修复重任。她在工作中刻苦钻研，攻破了一个个焊接难题，出色地完成了近百台连采机、几十台梭车的焊接修复工作。

大修的JM5284连采机检测前运输槽内部耐磨板磨损严重需更换，当时没有修复方案，如果不及时修复，则会造成井下连采机卡链的现象，严重则会将运输槽磨透，导致运输槽彻底报废。顾秀花经过充分讨论和研究，制定了特殊的措施方案，并根据实际情况编写了焊接工艺手册，进行修复安装后在井下使用，效果良好并节约资金20余万元。采用这种工艺，至今已修复60多台，节约资金1300多万元。

顾秀花的焊接技术已经超越了粗糙的焊接层面，定格在优美的艺术境界。她带领团队先后完成科技创新和技术攻关1000多项，累计创效超亿元，带出的徒弟在嘉克杯国际焊接大赛、自治区、市级及公司级焊工技能大赛中荣获优异成绩，实现了由一枝独秀到桃李满园。2017年10月，她参加"一带一路"人文交流——上合组织国家职工技能大赛并荣获金奖，用一把焊枪演绎了一段精彩人生。

更难得的是，顾秀花逐渐成长为维修中心焊接女工队伍的带头人。2010年10月，顾秀花从技术员的岗位又一次回到车间当起了焊工班长，并成立了"秀花焊接班"。她手把手教姐妹们焊接技术，经过她的培训，现在焊接班的女子们个个都不逊色，成为设备焊接修复的主力军。

为充分发挥她的技术优势，培养出更多的焊接能手，2013年，设备维修中心又成立了"顾秀花焊工技能大师工作室"。工作室成立至今，累计培训1500余人次。所带徒弟中，1人获"嘉克杯"焊工技能大赛二等奖，5人获三等奖，3人在鄂尔多斯市煤矿系统及公司焊工技能大赛中分获一、二、三等奖。

顾秀花凭借着谦虚的态度、强烈的工作热情、默默的奉献精神，获得国家级荣誉8项，省、市、集团及公司级荣誉30余项；完成五小成果、科技创新项目40余项，在省级及以上发表论文16篇，40项革新和发明在企业中应用。2018年，她获评神东"十大名师"称号；2019年，获得中国能源化学地质工会"大国工匠"称号。

荣誉面前，顾秀花始终保持着一份从容与淡定，从未改变对焊接工作近乎痴迷的热爱和追求。她凭着坚韧的意志和聪慧的头脑，潜心钻研、苦练技术，成为电焊行业中的佼佼者，更是用自己的担当与奉献，培养出更多像她一样的焊花姐妹，为神东维修事业书写巾帼精彩。

神东发展的见证者——呼绿雄

从"傻大黑"到"金蓝领"，从"打眼放炮"到智能采煤，从传统煤矿到智能矿山……呼绿雄扎根一线的二十年，不仅实现了个人的成长，还见证了煤炭行业的跨越式发展。国家能源集团劳动模范、神东煤炭集团优秀班组长、金牌班组长、2019年中国工业"创新工匠"……响当当的荣誉是他拼搏历程的最佳注解。

图为呼绿雄在综采工作面巡检

来源：国能神东煤炭新闻中心

1981年，呼绿雄出生在内蒙古伊金霍洛旗，他的名字承载着父辈们对绿洲和雄鹰的向往。参加工作时所在的小煤矿还是打眼放炮、人工装煤、矿车运输，使他认识到一个安全的井下环境至关重要。2002年，他怀着憧憬，成为神东的一名劳务工，2005年，他以第一名的成绩通过了神东劳务工选拔招聘考试。支架工、副班长、技术员、副队长，他一步一个脚印地攀登，他主刀割过的煤壁没有误差，他创新的"中部开槽割煤法"让回采效率大涨；他每天十几个小时盯现场，还利用业余时间完成了工程质量动态达标规范的编制。

2013年，大柳塔煤矿面对毫无经验可借鉴的7米大采高，决定新成立综采五队，选拔队长时，呼绿雄得到了上下一致认可，被任命为队长。他接手的区队，并非精兵强将，而是一支由11个单位和4个综采队分流人员组成的一支队伍，活难干、人难管，让他眉头紧锁。

呼绿雄定了三条铁的纪律：一是干任何工作安全不能出事，二是生产任务必须完成，三是时刻为员工兄弟们着想。他要打造一支铁军。刚建队就遇到了顶板出现问题，他每天早上6点下井，凌晨最后一个升井，19天就瘦了8斤。换摇臂时，他全程跟踪，坚持到最后，升井后在办公室连睡了15个小时。在他的带领下，员工们振奋起来，第二个月产量就超80万吨计划，达到94万吨；第三个月，更是增长到110万吨，"杂牌军"从此有了"铁军"气质。

此后，无论是面对大柳塔煤矿首个7米大采高综采工作面，还是全国首个预采顶分层综放回采工作面，呼绿雄都会临危受命，面对瓦斯、煤尘、水、火和顶板多重障碍，他都会拿出最为安全可控的方案；面对一个个技术难题的挑战，他带着"党员先锋队"逐个攻克，圆满完成各项指标，锤炼了队伍的战斗力。

调到综采二队后，他研制了"综采放顶煤工作面后部运输机机头和机尾起底离矸装置"，解决了综放工作面历年来不能解决的前部运输机上漂和后部运输机铲浮煤的问题，保护了设备、保障了安全、提升了效率。这个装置获得国家专利和公司创新奖。

2021年9月8日，在中共中央宣传部举行的"践行初心使命，贡献能源力量"中外记者见面会上，呼绿雄作为四位能源领域优秀共产党员之一，与大家分享自己的成长和心得。他以神东发展变迁的亲历者、见证者的身份向中外媒体介绍了煤矿科技创新、煤炭能源供应及矿区生态发生的巨变，传递了国家能源集团的发展理念，通过媒体将神东、大柳塔推荐给全世界。这一刻，他成为了能源行业津津乐道的名人。

在神东，还有许许多多的薛占军、顾秀花、呼绿雄，他们出身平凡，怀着改变命运的朴素愿望来到神东；他们坚毅执着，在各自的岗位上拼出全力、独当一面、成为栋梁；他们牢记使命，勇于站在更大的平台上影响着更多的神东人。

如果说第一代神东人是勾画蓝图、夯实地基的开拓者，第二代神东人是将蓝图化为现实、将梦想变为行动的创业者，第三代、第四代神东人，就是敢想敢做、年轻有为的实干者。他们身上，艰苦奋斗、开拓务实、争创一流的神东精神一以贯之，堪称四代愚公，犹如一排山峰屹立在煤田大地上。他们之中，无论是引领航向的专家型领导，还是刚从专业院校毕业的新进大学生；无论是从劳务工干出来的全国劳动模范，还是活跃在不同岗位的普通员工；无论是井下作业一辈子的老矿工，还是子承父业的"煤二代""煤三代"他们都有着神东人特有的气质——敢于担当、勇于奋进，不负时代、不负青春。

撰写人：李亚

点评

人无精神则不立，国无精神则不强，企无精神则不兴。在不同的发展阶段，总有那么一些人，在重重迷雾中敢于冲破传统，探寻新的道路；在关键时刻中敢于亮出自我，成为学习的楷模；在平凡人生中敢于坚持梦想，一步一印走向更高目标，他们可能是劳模，他们可能是普通员工，他们可能是老矿工，他们可能是"煤二代"，他们就是"艰苦奋斗、开拓务实、争创一流"神东精神的化身。

神东矿　智慧开采的先行者

"新一代人工智能正在全球范围内蓬勃兴起，为经济社会发展注入了新动能，正在深刻改变人们的生产生活方式。"

——习近平

在当前，煤炭产业面临着一个前所未有的机遇期。随着人工智能、数字技术创新和数字经济的融合发展，煤炭产业正迎来重要的战略机遇期和窗口期。这是一个令人欣喜的变化。曾经，煤炭是中国经济发展的重要能源支撑。然而，在过去的几年里，煤炭市场出现了下滑的趋势，企业也出现亏损。这一切，都让人们开始思考煤炭产业的未来。随着人工智能和数字技术的融合发展，煤炭产业开始出现了一些新的可能性。随着大数据、云计算、物联网、人工智能等技术的应用，使得煤炭产业可以更加智能、高效地运营。同时，数字经济的兴起，也让煤炭产业有了新的发展方向。

图为寸草塔煤矿实施的边缘云的设备机架

来源：国能神东煤炭寸草塔煤矿

面对世界之变、时代之变、行业之变，神东始终保持长远战略眼光，奋力担当作为，将党的二十大精神的学习成果转化为推动企业高质量发展的具体实践。坚持"产学研用"科技创新模式，构建神东"智能化生产、数字化运营、平台化发展、生态化协作、产业链协同"发展新格局。加快推进薄及中厚煤层智能化采煤工作面实现无人化，智能掘进工作面用工控制在5人以内。继续攻关19类重体力作业机器人，降低劳动强度……一张张"路线图"的背后，透露着神东人的"智"存高远：让人工智能赋能煤矿，用新技术为设备装上"智慧大脑"，将重体力劳动机器人化，把员工从复杂危险的劳动环境中解放出来，实现矿工们衣着干净，坐在地面远程采煤的目标。在神东精神的引领下，神东人以创新驱动发展，以智慧引领未来，走出了一条别开生面的智慧矿山建设道路。

敢为人先趟智路

早在2011年，神东启动了建设神华数字矿山关键技术研究及示范项目，2012年，启动了实施区域中央集中自动化控制系统项目，开启了智慧矿山建设的实践创新探索。党的十八大以来，神东深入贯彻新发展理念，认真落实"四个革命、一个合作"能源安全新战略，贯彻落实国家能源集团"一个目标、三型五化、七个一流"发展战略，坚持创新发展，积极开展智慧矿山建设实践。采高从7米到8米，再到8.8米；智能化水平从多人轮班，到少人值守，再向无人值守迈进；自动化技术从人工操作，到割煤机记忆割煤，再到自主智能割煤……从量变到质变，神东大地正在掀起一股席卷行业的智慧浪潮。

2019年，国家能源集团下发了《智能矿山建设方案》，以此为契机，神东重新梳理和制定建设方案和行动计划，将智能矿山建设作为"一把手"工程，明确在综合各矿井基础条件、盈利状况、可持续发展基础上，因地制宜制定各矿井实施方案，分级分类建设智能化煤矿，提出构建高级、中级、初级三档智能化矿山，全面推动智能化建设。神东的智能化建设涵盖了综采、掘进、主运输、辅助运输、供电、供排水、通信与网络、大数据、移动巡检、机器人、智能化选煤厂等11大类，共1210个项目。目前，已建成了上湾煤矿、榆家梁煤矿等23个智能综采工作面，实现主运输系统固定岗位工减员77.5%，现场试点22类153台井下机器人。在神东，智能化已经成为企业发展的探路先锋。

在榆家梁煤矿智慧综采工作面远程控制室，两名员工看着大屏幕，不停地操作着手柄上的按钮。"我们坐在这里就可以控制井下的挖煤，通个视频就像看电视一样，看到的视频画面和井下的现场一致。通过这个设备，我们可以控制井下所有设备的启停，在不佳环境下减少人员。"在这里，工作的员工脸上洋溢着满满的自豪感。向科技要人力，榆家梁煤矿展示的智能化成果仅仅是神东打造智能矿井智慧矿区的一个缩影。像这样，以智能化、自动化、无人化、信息化的发展模式已全面开启，成为引领神东高质量发展的重要举措。

智慧之花开满山

"开局起好步，跑出加速度。"各单位按照神东智能化建设"路线图"，列出"时间表"，稳步推进智能化建设进程。

图为神东大柳塔煤矿员工正在"太空舱"远程控制采煤工作面

来源：国能神东煤炭大柳塔煤矿

在大柳塔煤矿，煤机司机段大毛坐在地面"太空舱"里，双目紧盯显示屏，随着手柄推移，屏幕上清晰可见井下工作面的煤一块块滑落，自从采煤操作地点从井下搬到地面以来，段大毛坦言安全感、幸福感持续上升。为了让更多智能化建设成果惠及矿工，今年，大柳塔煤矿重点开展辅助作业机器人研发应用，制定相应措施并采购相关装备，尽快实现井下重体力作业全部机械化替代。同时，该矿新增"履带式搬运车""防爆开槽机"等13个项目，着力解决实际操作过程中员工反映的巡检强度大、体力劳动多的问题。

位于乌兰木伦河西岸的上湾煤矿，无人驾驶车正缓缓行驶在千米井巷。至2022年年底，该矿引入三类无人驾驶车，其中19座电动运人车累计无人驾驶里程超11088公里，无人驾驶指挥车累计行驶里程超4447公里，无人驾驶材料车即将进行测试。"2023年，我们将继续加大智能综采工作面和智能掘进工作面建设，通过实施智能化项目，建设安全高效的智能综采工作面和智能掘进工作面。继续建设地面1号车库光伏充电站和推进井下充/换电站的实施进度，解决井下新能源电动车续航和充电问题，提高车辆利用率，完善电动车应用功能体系。此外，加大机器人的应用，主运系统巡检机器人全覆盖，实现辅助区队'一人、一车、一机、一盘区'巡检模式，最终实现中班夜班无人入井。"上湾煤矿党委书记、矿长张立辉掷地有声地说。

精准度极高的维修工艺也能"装进"智能设备里。走进设备维修中心维修一厂机加工车间，映入眼帘的是机械臂精准对接，机器人灵活搬运、自动焊接，智能化元素目不暇接。移步修复车间，智能切割机正自动识别位置进行铭牌制作，在智能化系统的指挥下，各场所机器人协同作战。

在千米井巷、在维修车间、在"矿鸿"重点实验室……是一派繁忙景象，各条战线上的神东人铆足了劲儿，在春天种下"智能树"，待秋天收获"智能果"。

AI赋能续新篇

人工智能是智能矿山建设的核心技术，也是神东攻关的方向。"今年要加快人工智能技术研发，深入挖掘大数据价值，加快推进工业互联网建设。"神东副总经理贺海涛在2023年机电工作会上，对人工智能进行重点部署。坚定信心、不畏困难，神东果断迎接新的挑战。积极部署"云"整体架构，计划建设1个"中心云"+13个"边缘云"的"云"计算中心，以此支撑人工智能技术应用，满足智能化建设算力要求，进而将设备本机简化为一个执行机构，由"云"、人工智能打造智能大脑进行统一指挥。

在寸草塔煤矿，忙碌一周的黄怀德看到成功搭建的边缘云，想到不久后便可以形成属于矿井自己的云智造新模式，内心不由得激动起来。该矿机电队大学生智能化运维班的黄怀德介绍，矿井边缘云搭建项目，相当于在一个服务器群加上人工智能功能。主要构筑在通用存储硬件之上，通过软件层面的全分布式架构和数据冗余技术，实现资源动态扩展和按需使用，提升资源利用率，让数字赋能设备实现更多智能操作。

"云"的搭建，让大柳塔煤矿机电信息中心贾宇涛满怀期待，参与智能矿山建设以来，他不断尝到新技术带来的甜头，也更坚定了信心。贾宇涛说："过去我们井下设备应用的老旧系统，服务器不统一，无法实现集中管理和调配，现在'云'搭建起来可以实现超低时延的数据接入、井下多类别设备控制及大量视频数据分析和处理。"

大伙儿所期盼的"新功能"正是智能技术中心技术办主任吴琼一直紧盯的项目。"智能化建设的终极方案是做减法，当前1个'中心云'在公司建，13个'边缘云'在各矿井地面，'边端云'在井下，目前已经完成了1个'中心云'和7个'边缘云'的搭建和调试，具备使用条件，预计3月底前建成神东首朵'云'。"吴琼介绍。

从春天出发，波澜壮阔的"煤"好图景里，三万多名神东人同向奔赴，一起将新技术、新模式、新应用、新业态等智能科技加速融入生产生活各个领域，通过一个个项目落地，一批批成果显现，回答时代之问、行业之问、神东之问。

撰写人：刘娜

点评

神东早在2011年就开启煤炭智能化探索的道路，目前，29个智能综采工作面达到中级及以上水平，现场试点22类153台井下机器人，搭建基于工业互联网架构的平台体系，为保障煤炭安全稳定供应奠定坚实基础。新征程上，神东坚持走科技创新之路，推动中国煤炭行业的智慧化变革进程，努力为行业和国家能源集团智能化建设提供"神东样板"。

"植"此青绿
煤海"塞罕坝"的生态传奇

"要充分发挥党的领导和我国社会主义制度能够集中力量办大事的政治优势，充分利用改革开放40年来积累的坚实物质基础，加大力度推进生态文明建设、解决生态环境问题。"

——习近平

2022年"春晚"，舞蹈《只此青绿》，让北宋名画《千里江山图》"活"了起来。

如果舞蹈《只此青绿》的美在于大气磅礴、刚柔并济，那么神东的青绿之美，就藏匿于一代代植绿人指缝间穿透的山色之中。

图为神东哈拉沟"山水林田湖草沙一体化保护和系统治理"生态示范基地

来源：国能神东煤炭新闻中心

2022年4月19日，当春风又一次吹遍大地时，神东也迎来了植树造林的好时机。一年又一年，似乎植树已成为神东与春天的约会，也饱含着神东人对建设神东、绿化神东的热情与希望。

久违的春日阳光播洒在上湾补连呼和乌素立风井大地上，放眼远处，风和日丽，生机勃勃。来到植树现场，在领导干部的带头下，大家撸起袖子，拿着铁锹，快步走向植树点，一派热火朝天的景象。

呼吸着新鲜空气、沐浴着柔和阳光，感受着春风拂面，伴随着欢声笑语，在洋溢着暖暖春意的植树现场，大家秩序井然，你扶苗、我铲土，挖坑植树、挥锹培土、用心浇灌，个个忙得满头大汗，每一道工序背后都倾注着大家对美好环境的憧憬。

经过一个上午的辛勤劳动，樟子松等1000多株新栽种的树苗一排排、一列列，整齐有序地挺立在春风中，为上湾补连呼和乌素立风井大地披上了绿衣。

此刻，广大干部职工在山头田地间植下新绿的身影，也成为春日煤海小镇一道靓丽的风景线。

这样的场景在神东每年都会出现。多年来，神东坚持将"绿水青山就是金山银山"的理念化为高质量发展的自觉实践，每年有计划地开展植树造林活动，持续改善生态环境。

神东矿区地处晋陕蒙三省交界处，毛乌素沙漠南缘与黄土高原北缘的过渡地带。30多年前，这里干旱少雨，年降雨量仅360毫米。

"小时候，这里就是黄沙一片，整日灰蒙蒙的，都不想出去找小伙伴玩"。在80后矿区人的记忆中，目之所及、脚之所踩都是黄沙，"再大一点就听孩子们像唱儿歌一样地唱着：'有风沙一片，无风一片沙'。"孩童传唱的歌谣真实地反映了当时矿区恶劣的生态环境。可以想象，开发建设初期矿区是多么的荒凉。

为彻底改变矿区的恶劣环境，向绿而行。20世纪90年代初，神东在大面积防风固沙的基础上，组织广大党员群众开展植树造林活动。从2000年开始统计至今，神东参加义务植树的员工超2.6万人次，累计栽种新疆杨、速生杨、樟子松、寒富苹果、杏树等各类树木超过21万株。

"每年植树节，神东都会组织干部职工植树，通过植树造林，提升植被覆盖率，用实际行动在荒漠化地区建成一片绿洲。"生态环境管理中心党支部书记、主任王义说。

除组织职工群众义务植树外，神东还积极探索出"五采五治"生态保护模式，让资源开发与生态治理更加平衡；构建"三期三圈"，实现立体防护创新；沉陷区治理，防治与利用协同；创新"三控三用"，建设绿色矿井等，让"向绿而行"的目标变成现实。

近年来，神东在总结和延续矿区生态建设好经验好做法的同时，积极打造了创建"山水林田湖草沙"哈拉沟创新实践基地。以哈拉沟煤矿沉陷区生态治理为基础，以"绿色、科技、人文"为主题，基地总面积6万亩，核心示范区面积1万亩，建有62个示范点，种植大果沙棘255万穴。

该基地以节能低碳与生态环境节日为主题，结合晋陕蒙地域文化，依托生态公园和示范基地建设，依托组织主题党日活动、群众文化活动、单位义务植树活动，打造了"春季义务植树、夏秋乘凉采摘、冬季滑雪滑冰"体验式生态项目。2000年以来，超过26227人次参加现场义务植树，植树面积达6268亩，累计栽种新疆杨、速生杨、樟子松、寒富苹果、杏树等21.5万株。依托哈拉沟生态示范基地设置采摘体验区，单日最多参加人数达2000余人，累计人数超过10万人，成为了名副其实的网红打卡地。

2021年9月，为贯彻落实"黄河流域生态保护和高质量发展"重大国家战略，神东率先发出打造黄河流域生态保护和高质量发展先行示范区，打造绿色转型高质量发展引领示范区的响亮口号。

为此，神东积极探索煤炭生产与资源环境协调发展的实现路径，系统构建生态产业化、产业生态化的治理模式，初步建成了上湾、布尔台、哈拉沟3个实践创新基地系列示范项目，为构筑黄河流域能源走廊的绿色生态屏障持续努力。

多年来，一代代神东人用手中的画笔，共同绘制绿满神东的生态版图，为神东打造黄河流域生态保护和高质量发展的先行样板贡献着自己的力量。

曾经黄沙遮天日，曾经飞鸟无栖树。30多年来，神东建设者们一代一代传承，前仆后继在荒漠沙地上艰苦奋斗，开采光明，养绿山水，创造了黄沙变绿地、煤矿变"塞外江南"的环境保护综合治理的奇迹。

看，种子开始萌发，绿意开始蔓延，神东绿水青山的新画卷在徐徐展开。

当我们感受神东的青绿之美时，每一位"植"此青绿的你，都会感谢曾经的自己。

撰写人：刘晓婷　朱萌　刘长江

点评

　　对生态环境的保护关系着社会的长远发展，关系着子孙后代的幸福，是每一个企业应负的社会责任。神东在生态环境保护方面先行先试，并持之以恒地宣贯推进，使生态环保的理念渗透到了每个神东人的思想意识和日常行为中，汇聚起万众的力量，最终创造了神东煤海"塞罕坝"的绿色奇迹。

弘扬"乌兰牧骑"精神
做扎根煤海的"红色文艺轻骑兵"

"在新时代，希望你们以党的十九大精神为指引，大力弘扬乌兰牧骑的优良传统，扎根生活沃土，服务牧民群众，推动文艺创新，努力创作更多接地气、传得开、留得下的优秀作品，永远做草原上的'红色文艺轻骑兵'。"

——习近平

"大漠孤烟直，长河落日圆。"在这片曾经春风雁声寒，黄沙蔽天日的不毛之地，神东的壮美画卷在这里徐徐展开。

瞧，他们充满活力、奋进激昂、在颠簸的盛满各类乐器的轰隆隆作响的汽车里欢歌笑语，点缀着长烟落日的沉寂、广袤与苍茫，不时传来候鸟清脆的叫声，犹如流星划破天际。

你好，工友！文艺小分队来了

那是一个阳光明媚的早晨，文艺小分队按计划正在赶往铜川柴家沟煤矿的途中，可沙漠的天就如同婴儿的脸般地变幻莫测，天空顿时阴云密布，下起了瓢泼大雨，泥土与雨水交融的气息令人心旷神怡，也为炎热的夏季带来了些许凉意，但是泥泞的道路却阻挡了人们前进的道路。时间在一分一秒地流逝，焦急的眼神彼此交流，大家毅然决然地跳下车踩着泥泞的车辙艰难前行。虽然赶到时已是晚上9点，比计划时间推迟了约四个小时，但是热情的观众们仍不离不弃地等待在那里。忘记身体的疲惫，擦干汗水与泪水，姑娘小伙子们微笑着在舞台上呈现出最好的状态，只为能够舒缓矿工兄弟们积压已久的紧张与劳累。这支活跃在煤海深处的队伍被大家亲切地称为煤海"乌兰牧骑"。

图为神东煤海"乌兰牧骑"文艺小分队走进补连塔煤矿慰问

来源：国能神东煤炭补连塔煤矿

　　艰辛的道路，艰苦的环境，神东煤海上的第一支文艺小分队活跃在一线矿井、活跃在边远站点、活跃在中心矿区，扎根于生活沃土，服务于矿工群众，宣传党的方针政策，反映矿工群众心声，推动文艺作品创新，让煤海大地上处处回荡着热爱家乡、热爱祖国的幸福歌声和欢笑。神东退休职工、文艺小分队的骨干队员梁海生老师回忆，由他主演的话剧《焦裕禄》，展现了优秀共产党员焦裕禄"亲民、求实、奋斗、无私"的公仆情怀和崇高品质，每一次演出，都为观众带来巨大的心灵震撼，引发现场观众强烈共鸣，鼓舞士气、振奋人心。

嫩芽，成长！"乌兰牧骑"勇毅前行

　　乌兰牧骑，蒙古语意为"红色的嫩芽"。2017年11月，习近平总书记给苏尼特右旗乌兰牧骑队员们的回信中说："乌兰牧骑的长盛不衰表明，人民需要艺术，艺术也需要人民。在新时代，希望你们以党的十九大精神为指引，大力弘扬乌兰牧骑的优良传统，扎根生活沃土，服务牧民群众，推动文艺创新，努力创作更多接地气、传得开、留得下的优秀作品，永远做草原上的'红色文艺轻骑兵'。"

神东积极贯彻落实习近平总书记弘扬"乌兰牧骑"优良传统重要指示精神，按照集团"一主多元"的品牌架构，立足公司实际，2019年，创造性地提出了打造煤海"乌兰牧骑"文化品牌。煤海"红色文艺轻骑兵"队伍正式建立，队员多来自文体中心文艺部演职人员，根据人员的专业特点设立了声乐队、舞蹈队、器乐队。队伍短小精悍，队员一专多能，节目灵活多样。自"红色文艺轻骑兵"成立以来，共深入基层演出100多场次，惠及员工20000余人。

创研优秀的文化文艺作品。坚持以矿工为中心的创作导向，用艺术的方式展现神东人苦干实干、砥砺奋进的精神风貌，用优秀的作品唱响神东人爱党爱国、积极向上的良好形象。原创歌舞情景剧《矿工兄弟》是李晓光老师深入煤矿井下的所见所闻所感所激发起的创作灵感，勾勒出了神东矿工不畏艰辛、爱岗敬业、家庭和谐幸福的温馨画卷。该作品曾代表集团走进北京卫视录制并展播。先后荣获中央企业"国企好声音"优秀奖、最美企业之声金奖。此外，以安全为主题的歌曲《安全誓词歌》，以环保为主题的舞蹈《绿水青山美》，以现实生活为背景的《让我们为爱加油》等优秀作品，得到神东矿工兄弟的一致好评与广泛共鸣。

提供精准有效的文化服务供给。以"宣讲+演映""点餐+送餐""线上+线下""场馆+活动"四种方式充分发挥"乌兰牧骑"流动的文化文艺服务职能。为矿区职工群众提供政策宣传、文艺演出、公益培训、健身指导等"一站式"服务，用一个个流动的文化符号，把党的声音、公司政策传递给员工，让文化浸润到神东每一个角落，用文化文艺传递价值，鼓舞士气。

搭建全面立体的媒体宣传矩阵。依托"文化神东"微信公众号多种形式宣传推广煤海"乌兰牧骑"队伍开展的政策宣讲、文艺演出、惠民服务等。"文化神东"定位为"信息+服务+传播"，于2018年底正式上线运行。截至目前，"文化神东"发布煤海"乌兰牧骑"相关内容近500条，互动点赞近30万人次。同步立足神东信息网、《神东煤炭》报、微信微博短视频等新媒体矩阵，加强媒体联动、信息互动和资源流动，进行全方位立体式多角度宣传，借助人民网、新华网、凤凰网等主流权威媒体的支持，共同发声，持续传播原创精品和优秀节目，持续增强煤海"乌兰牧骑"文化品牌的传播力和影响力。

图为神东合唱团参加榆林市庆祝中国共产党成立100周年歌咏比赛
来源：国能神东煤炭新闻中心

目前，煤海"乌兰牧骑"文化品牌已成功入选国家能源集团首批优势品牌名录，文化品牌案例也代表集团荣获国资委国企品牌建设典型案例。

未来，起航！红色文化事业再启航

无论是文艺小分队，还是"红色文艺轻骑兵"，都是乌兰牧骑精神的代代相传、生生不息。变化的是时代的发展，不变的是肩负的使命。神东煤海"乌兰牧骑"这支"红色文艺轻骑兵"将带着习近平总书记的嘱托，不忘初心、牢记使命、传承创新，深入一线、深入基层、深入群众，努力创作出更多接地气、传得开、留得下的优秀作品，更加有力地传递党的声音和关怀，为广大职工群众送知识、送文化、送服务，不断擦亮煤海"乌兰牧骑"文化品牌。

撰写人：祁明珠　李佩琦

点评

神东持续强化煤海"乌兰牧骑"文化品牌，借鉴内蒙古自治区苏尼特右旗乌兰牧骑"以天为幕布，以地为舞台，扎根生活、创新文艺"的经验，打造了一支神东人自己的"红色文艺轻骑兵"，采用行动更迅速、场地更灵活、节目更丰富、形式更多样的文艺服务模式，将党的声音、公司政策用更加接地气的方式传递给一线矿工，传送到了群众的心坎上。

安全为天　行业标准背后的神东实践

> "要健全风险防范化解机制，坚持从源头上防范化解重大安全风险，真正把问题解决在萌芽之时、成灾之前。"
>
> ——习近平

20世纪90年代，中国煤炭工业每百万吨原煤死亡率一直大于4。这是一个触目惊心的数字，这意味着一个年产百万吨的中型煤矿，每年都要付出生命的代价。

世间最宝贵的是生命，在很多煤矿还在为百万吨死亡率指标下降而不断努力之时，成立不久的神东却把"零伤害"作为企业发展的核心理念。三十余年来，从"煤矿可以做到不死人""瓦斯超限就是事故"到"生命至上、安全为天"，再到今日的"无人则安""零事故生产"，神东人的安全理念始终走在中国煤炭行业的前沿。

以先进的安全理念为先导，神东的安全建设水平不断攀升。除百万吨死亡率必须下降外，神东部分矿井安全生产周期更长达到十几年、二十几年，创造了煤矿安全史上的奇迹。

而取得这些成绩的背后，是神东在安全管理方面的持之以恒的创新实践。作为全国最大的煤炭生产基地，神东始终坚持以先进的安全管理理念为引领，勇于创新，大胆实践，在运营体制和安全管理模式上不断创新开拓，形成了独具神东特色的安全管理体系，最终凝聚和升华为本质安全管理体系（风险预控管理体系），为公司的安全、稳定发展提供了坚实保障。

从引进到自创

我国的主体能源是煤炭，在一次性能源构成中一直占70%左右，很早就成为世界第一产煤大国。随着对安全生产的不断重视，在21世纪初，我国煤矿安全生产形势总体好转，但仍然存在着许多薄弱环节和深层次问题，安全生产工作任重而道远。

为了避免事故、保障安全，国外安全管理机构和公司通过开展职业安全健康管理体系（OSHMS）、NOSA安全管理体系以及HSE管理体系等安全管理体系标准的研究和应用，取得了良好的效果。

图为神东安全管理信息系统首页

而在国内，很多煤矿企业也对安全管理的提升进行了积极尝试。我国一些大型煤炭企业积极探索煤矿安全管理新理念，不断创新安全管理方法，推广和实施了OHSAS 18001职业安全健康管理体系，应用NOSA五星综合管理体系、HSE管理体系，在企业安全管理系统化、程序化和标准化方面取得一定成效。

但是，这种探索缺乏本土化科学体系的支撑，将国外先进体系直接引用和实施，国外安全管理理念与我国传统管理思想之间的冲突、体系具体指标与日常管理融合性差等问题逐步暴露。国内煤矿安全管理仍然缺少一套适合我国煤矿安全生产特点、能为广大煤矿工人理解和接受的体系。

2000年以来，神东先后开展了煤矿质量标准化、ISO 9000质量管理体系、ISO

14000环境管理体系、OHSAS 18001职业健康安全管理体系、NOSA管理体系和综合管理体系的实施和应用，并在实践中积累了丰富的经验，同时也深刻认识到，建立一套适合我国煤矿安全生产特点的管理体系迫在眉睫。

2005年，国家矿山安全监察局和神华集团联合设立"本质安全管理体系"课题，并组织国内6家单位与神东共同立项研究。2007年3月，课题成果在上湾煤矿试点。同年8月，在全国45家大型煤矿进行扩大试点，神华集团同时在下属54家煤矿开展体系建设和运行工作。2007年至2009年，在对体系成果实践应用的基础上，由国家矿山安全监察局、神华集团和中国矿业大学联合对体系应用成果进行汇总分析、总结完善，最终形成了《煤矿安全风险预控管理体系规范》(AQ/T1093—2011)。

从事后到超前

本质安全管理体系（以下简称"本安体系"）是以风险预控为核心，以"冰山理论"为基础，以危险源辨识和切断事故发生的因果链为手段，以人员"不安全行为"管控为重点，形成PDCA持续改进的系统安全管理体系。重点强调对危险源进行预先辨识、评价、分级，进而对其进行消除、减小、控制，实现煤矿"人、机、环、管"的最佳匹配和企业本质安全。

本安体系突出体现对风险的超前预控和过程管控，贯穿了"一切事故皆可预防"的预控式理念，融合了我国煤矿安全质量标准化标准的指标，是一套不可或缺的、先进的安全管理体系。体系主要包括风险管理、人员"不安全行为"管理、组织保障管理、生产系统安全要素管理和辅助管理五大部分。

本安体系包含的内容广泛、系统性强，要让全员接受并在实际工作中加以应用，最终实现神东安全目标，是一项长期而艰巨的系统工程。神东立足长远，结合自身实际，进行了系统规划，分阶段、有重点地推进，确保了本安体系在神东的真正应用和落地。

开展广泛的宣贯和培训。神东针对不同层次、不同类型的员工开展了多种形式的培训，并及时解决存在的困难和问题，使员工从抵触体系到初步接纳，再到理解内涵并深入应用，员工的认同感和应用水平不断提升。体系应用范围由安全管理人员向下延伸到区队长、班组长和一线员工，向上扩展到神东各业务部门和高管层，实现了体系应用全员覆盖。

将本安体系纳入考核。神东建立了公司、基层单位、区队（车间）三级检查考核奖罚模式，将本安体系应用考核纳入绩效管理。把体系应用情况与基层单位和员工的安全绩效工资挂钩、与业务部门的安全管理绩效挂钩，并进一步与业务部门和单位一把手的绩效年薪挂钩，促进了各级管理责任的落实，调动了全员参与体系应用的积极性。

推进本安体系的信息化应用。神东配套建立了本安管理信息系统，实现了安全管控信息的实时共享、跟踪监控和分析应用。通过信息系统，可动态跟踪隐患的处理和整改，可分析"不安全行为"发生规律，可进行各大生产系统可靠性的判断……系统凭借强大的数据量和信息量，实现了安全信息的有据可查、安全重点的有据可依。

从量变到质变

神东通过本安体系的实施和推广，安全管理发生了重要变化。

干部员工的风险预控意识进一步增强。"生命至上、安全为天，无人则安，零事故生产。"的安全理念已经入脑入心，风险可防可控的意识已经形成。每班进行安全风险评估，每次作业前进行危险源辨识，已经成为员工的自觉行为。

安全管理方式得到进一步优化。通过风险预控，变事后处理为超前预防，变临时处理为系统管理，改变了"头痛医头、脚痛医脚"的被动局面；通过系统数据分析安全管控重点，变经验管理为科学管理；通过全员参与体系应用，变以往的干部管安全为现在的全员抓安全。

现场安全管理水平进一步提升。体系实施后，管理体制机制得到了进一步健全完善，生产作业现场的设备设施更加完好可靠，生产环境得到有效改善。

提高了安全管理的科学性。通过本安管理信息系统，使问题和隐患整改、复查更加及时，并对录入数据进行自动统计分析，使管理人员更加全面准确地掌控动态安全信息，为管理层决策及管控标准、防范措施的制定提供了重要依据，使安全管理更具系统性和针对性。

神东本质安全管理体系建设取得的成绩，得到了党中央、国务院高度重视，并批示全国煤炭企业学习神东的安全管理经验。国家安监总居（现应急管理部）的领导和工作人员也走进神东考察安全管理先进经验和做法。

在新时代，安全在企业中的地位更加重要。在建设创建具有全球竞争力的世界一流示范企业进程中，神东人将会继续传承在煤炭安全管理领域的先进经验，承担更为光荣的使命。在安全生产中不断发力的神东人，定能再攀新高，谱写生命至上、安全为天的新篇章，为百年神东打造坚不可摧的安全根基。

撰写人：高东风

点评

神东本质安全管理体系是神东为行业乃至社会的安全生产作出的重要理论贡献，至今仍有着重要的指导意义。神东本质安全管理体系建设，既体现了神东对实现安全生产孜孜不倦的追求，更体现了神东的人本主义精神，饱含着对员工生命安全和身体健康的关心关爱。

班组文化品牌的进阶之路

"希望大家继续以赵梦桃同志为榜样，在工作上勇于创新、甘于奉献、精益求精，争做新时代的最美奋斗者，把梦桃精神一代一代传下去。"

——习近平

神东煤炭的班组建设起步早，经过十多年的探索，形成了抓得专、抓得实、抓得活的三大特色。为了激发班组活力，塑造班组性格，经过多年实践，"一班一品"班组文化建设路径逐步走向成熟。

1.0时代：集中力量打造专属品牌

又是忙碌的一天，在离井口15公里、垂直距离130余米深处的22522综采工作面，几个年轻的班组成员手持矿灯，一遍又一遍进行着最后的检查确认工作……

面长300米、截深0.865米、采高5.5米，一刀下来就是1560吨煤炭……

这个仅有10名成员、平均年龄32岁的大学生智能化采煤班，凭借知识和勤奋，创造了4个小班完成300米长距离工作面末采高质量贯通、11年产煤4800多万吨等历史记录。这些优异成绩，让这个大学生采煤班获得了"全国工人先锋号"称号。

2011年，哈拉沟煤矿从国外进口了一批价值一亿多元的综采设备，巨大的体量、复杂的结构加上英文说明，让区队束手无策。成立大学生智能化采煤班的想法应运而生。为塑造一支高学历、高素质、高技术的青年人才团队，打造历练人才的大熔炉和输送人才的孵化器，哈拉沟煤矿按照"严要求、高标准"的淘汰制选拔人才。为了锻炼他们能吃苦、不怕脏、有恒心的职业态度，参加选拔的对象必须通过30天的高强度体能劳动考验，还要通过各自所学专业的知识考核，成绩必须达到90分以上，并且要快速掌握两个以上岗位的实践操作和检修能力、熟练掌握岗位标准化操作流程，最终由区队领导和现场管理人员进行综合评比择优录取。正是由于这样的精挑严选，让这14人的团队成为哈拉沟煤矿的精英采煤班。生产岗位懂技术、技术岗位懂生产、管理岗位懂全盘的"三懂"格局逐渐形成。

这个采煤班一直承担着全队、全矿的重点生产任务，创造了连续12年无轻伤及以上事故即人身"零"伤害等多项安全生产纪录。被命名为大学生智能化采煤班以来，更是连年刷新煤炭生产纪录，并不断实现自我超越，创造了4个小班完成300米"长距离工作面末采"高质量安全贯通等突出业绩。

图为神东首个大学生智能化采煤班

来源：国能神东煤炭新闻中心

新时期，大学生智能化采煤班迎来新的使命——勇担智能化的排头兵。全力推进智能建设，降低危险、恶劣环境下采煤的风险，改善采煤工艺，将新技术新工艺应用到实际工作中；全力建设品牌班组，重点从班组管理、文化品牌塑造等方面着力，引领新时代神东煤炭发展，成为大学生智能化采煤班成员新的奋斗方向。哈拉沟煤矿的做法，借鉴了全国大部分企业推进班组文化建设的做法，也是神东煤炭培育班组文化品牌的工作思路，集中优势树立一个标杆，推出一个强势品牌，发挥示范效应，以点带面，带动其他班组争创品牌班组的积极性。在其影响下，补连塔煤矿铁军班组文化、石圪台煤矿军营班组文化等脱颖而出。

2.0时代：可复制的班组"图腾"

榆家梁煤矿是神东班组文化建设的集大成者，从2012年机运一队创新性地提出"图腾工作法"开始，发挥图腾符号的激励作用、提炼班组文化品牌，成为神东班组文化建设的"金标准"。2014年，经过借鉴和实践，该矿综采二队"蚁族文化"脱颖而出，成为有个性、有机制、有载体的"三有"升级版班组图腾代表。

榆家梁煤矿综采二队的创新是将班组图腾融入管理，形成了有自身特色班组建设的模式。综采二队员工看重蚁群分工明确、团结协作、敢于担当、和谐包容的精神，选择蚂蚁作为区队图腾。黑蚁反应敏捷、敢于冲锋，检修班将黑蚁作为班组图腾。红蚁智商高，善于突破、勇往直前，生产一班将红蚁确定为班组图腾。生产二班定位为黄蚁，目标是"争创金牌采煤班"。白蚁战斗能力最强，象征着生产三班兄弟齐心、其利断金的战斗力。综采二队在会议室设置了班组文化展示区，包括班组品牌展示、班组活动剪影、蚁族文化荣誉台等，每月获奖员工由队长给予"蚂蚁奖杯"。为了将蚁族文化融入管理，区队探索形成了"11230班组建设管理模式"，实行蚂蚁币积分管理法，使各班组战斗力、执行力不断加强，区队凝聚力、向心力显著提升。蚂蚁币积分管理法将员工日常工作或反映综合素质能力的指标，以蚂蚁币的方式进行量化考核，分局分值设置不同目标，进行日常考核，建立个人蚂蚁币积分台账，通过月度、季度积分大排名，兑现奖励，激发了员工通过正向努力争先创优的热情。

该矿机运一队则是找到与其性格相对应的图腾物，作为班组文化标识。他们根据班组工作特点、性格特点，提炼总结出各班组的优缺点，将动物作为切入点征集班组图腾。区队的图腾是"龙"，具有包容性，智慧虎、垦荒牛、千里马、霹雳蛇、报晓鸡、领头雁、傲天鹰等动物成了各个班组的象征，并形成各班组的标志LOGO。具有团队与人本特色的标识——班组图腾激发了班组的活力，班组的精神面貌和工作业绩大为提升，一支平平无奇的队伍逐渐成长为先锋班组。

打造班组图腾符号，是神东企业文化深植落地的有效抓手，围绕核心业务，将班组长期以来积累的经验做法理论化、系统化，集成为班组成员共同的价值文化体系。其关键在于，综合班组人员构成、业务特色、历史积淀、共同追求，立足推动班组良性发展，通过班组文化建设，明确班组员工共享的价值观与思维习惯，梳理共同遵循的规范准则，最终凝练成班组图腾文化——特色班组文化品牌，进行对内对外传播。榆家梁煤矿的班组图腾文化一经推广，许多基层单位竞相学习、提炼，保德煤矿、寸草塔二矿等以"一班一品"上墙展示为契机，推动区队、班组提炼形成自身的文化品牌，锦界煤矿的狼文化，将文化融入制度，推出狼币积分制。

3.0时代：班组特色工作法创新

班组文化品牌的提炼，只是班组文化的初级阶段，真正将班组文化应转变为班组建设的内生动力，其关键在于，班组建设有独特的载体和独到的方法，也就是班组工作法的创生。

"班组梦想秀"是补连塔煤矿率先开展的班组建设活动。将员工个人梦想与班组安全、生产、绩效等日常考核结合起来，考核成绩越高积分越高。当班组累计积分达到一定目标就可兑现相应级别的班组梦想。班组梦想分为初级、中级、高级和终极四级，各级都对应着不同的梦想基金。"班组梦想秀"，首先要找准成员兴奋点，一起来画梦。补连塔煤矿把"收集梦想"作为实现梦想的第一步。他们先让班组去酝酿、讨论、描绘自己的梦想，也就是让班组员工自己去思考他们渴望得到什么。在酝酿、研讨的过程中，许多班组很快达成了共识：梦想是什么，需要怎样努力去实现它。第二步是锁定行动关键点，一起来追梦。根据自己班组的特点，圈定重点，制定具体行动计划。生产一班班长胡云思想比较活跃，参加了公司的脱产培训后，他觉得在"学习型班组"创建上大有文章可做。于是他利用"班组长演讲"这个平台，把好的理念、好的方法传播给大家，班组的学习氛围越发浓厚，生产积极性越发高涨。第三步则是精心策划引燃点：一起来圆梦，为了首期效应一炮而红，筹划了一个隆重的"班组梦想秀"梦想之旅启动仪式。在启动仪式上，由矿领导亲自为圆梦班组授旗，并为实现个人梦想的班长颁发了奖品。不仅给了圆梦班组一份荣耀，更给了所有员工一份信心——原来梦想不是空想，只要努力就能兑现！那一刻，员工们兴高采烈，欢呼雀跃，激情燃烧起来！

寸草塔煤矿掘锚二队从区队管理提升的需要出发，将信息化与区队日常管理相结合，打造牛人点赞系统、工作信息平台、绩效考核系统，实现了全员参与、实时考核、公开透明的管理目标，使信息化应用成为管理者得心应手的工具。该矿掘锚二队在区队技术骨干的带领下，在企业微信基础上，借助简道云平台，开发设计了区队"牛人点赞"应用模块。旨在让员工为工作中表现优异的同事点赞投票，将评优奖罚权力交到员工手中：一方面可以将点赞结果作为区队评先树优的依据，另一方面也可以增强广大员工向榜样和先进看齐的意识。"牛人点赞"给予每位员工相应的点赞权限，在当班工作结束后，可结合身边员工在安全、生产、管理、创新、节约、环保等方面的表现进行点赞投票，得票最多者，就成为当班工作中的"牛人"。每个月得到最高点赞数的前三名员工，区队还将颁发"班组牛人"荣誉证书，并给予专项奖励。"牛人点赞"系统给予每个员工参与当班管理的权限，让员工可以对身边同事的工作表现进行监督评价，并反映在投票中。点赞结果通过企业微信，即时传到系统中，可以及时查看点赞情况，结果一目了然。此举不仅提高了员工遵章作业、协作配合的自觉性，同时有效实现了"全员参与、全员监督、全员提升"的目的。

工作信息平台以帮助区队班组人员摆脱时间、空间的束缚，提高工作效率，加强远程协作为目标，推出"互联网+党建"园地、工作任务协同等功能，充分满足日常自动化业务及非固定流程任务协作、工作计划的需要，实现了管理模式的转变，有力促进资源共享、经验共享、知识积累，为建设学习型班组奠定了基础。

绩效考核系统，将"互联网+"和班组五项绩效考核有效融合，及时公示得分情况，体现不同岗位、成效的考核差异，员工根据个人当班工作完成情况，对应系统考核细则进行量化积分提报，然后由当班班长、跟班队长、队长进行逐级审核，最终形成统一的考核结果。这种考核方式，既充分尊重了员工个人在班组考核中的话语权，又实现了"按劳分配、多劳多得"，激发了广大员工干事创业的热情和信心。

随着时代的发展，更多的年轻员工加入神东班组中来，年轻化、知识化、个性化的特点逐渐凸显出来，想要留住员工，班组管理必须不断创新。神东在强化班组特色的基础上，结合班组管理的改善、机制的创新、技术的应用来增强班组活力。班组有特色，管理有创新，就是有效的解决方案。梦想管理法、点赞管理法、"互联网+"工作法等在班组的应用，为企业推动班组管理提升提供了新的思路。

通过三次升级、持续开展"一班一特色"实践，神东充分调动了基层班组开展班组建设、班组文化建设的积极性，促使班组成员实现价值同心、目标同向、业务同轨，以共同价值追求激发班组成员内生动力，将班组由一个又一个自行发育的细胞组织，打造成活力四射、命运相连的生命体，为基层班组管理创新提供了新的路径。

撰写人：李亚

点评

一个优秀班组的诞生，靠的是精神与基因的传承；成百上千的优秀班组的涌现，可通过"一班一品"来催化，挖掘班组性格特征，塑造独特的班组图腾；而这些班组要持续领跑，则依托班组工作法的创生与持续创新。神东的"一班一品"班组文化品牌进阶之路，走过从专属品牌选树——班组图腾打造——特色工作法强化，逐渐做优、做实、做精，成为班组制胜的丰厚底色。

神东救援：奔走在危情一线的逆行者

"要加强应急救援队伍建设，建设一支专常兼备、反应灵敏、作风过硬、本领高强的应急救援队伍。"

——习近平

"你好，神东救护消防大队，请讲。"

"哈拉沟排矸场草地着火，请马上派人过来！"

"好，我队立即出动！"

在救护消防大队调度室大厅，调度室主任刘奋军每天都会接到大小不同的事故求助电话。

一天中午，护林工人报警称大柳塔水泥厂背后山上发生山火，请求救援。接警后，救护消防大队上湾中队迅速集结队伍，携带灭火装备赶赴事发地点。经过一个多小时奋力扑救，山上的明火全部被扑灭。

这是救护消防大队2019年从安监局独立出来，作为神东二级单位进行管理后的一次日常出警。

救护消防大队位于内蒙古自治区鄂尔多斯市伊金霍洛旗乌兰木伦镇，前身是"十一五"期间规划建设的国家矿山救援鄂尔多斯基地，2018年5月，被国家安全生产应急救援中心纳入国家专业队，被命名为国家矿山应急救援神华神东队，成为当时38支国家级矿山应急救援队伍之一，2019年独立成为神东二级单位进行管理，2023年6月，被内蒙古自治区应急管理厅命名为北疆矿山应急救援鄂尔多斯国能神东队。大队有指战员271人，下设九支救护中队，分别是：特勤中队、上湾中队、布尔台中队、保德中队、锦界中队、三道沟中队、青龙寺中队、塔然高勒中队、东胜中队。

大队不仅承担着神东矿山救护和地面消防任务，同时还承担国家救援队伍职责，为陕西省北部、内蒙古中部、山西省北部煤矿提供紧急救援服务。多年来，无论是煤矿井下安全生产事故，还是地面抗洪抢险，救护消防大队当仁不让，冲在救援一线的最前面。

逆行向前，扶危救难

2017年以来，"神东救援"这张金色名片日渐闪耀。

当年，榆林子洲、绥德县突发洪灾，神东迅速抽调100名员工、400多台套救援设备，近万种配套物资赶赴灾区救援。那一年，人们听到了救援现场姚克胜高声喊出"我是一名共产党员"；那一年，人们看到了杜晓勇主动跳进泥潭中保障水泵运转；那一年，人们更见到了党旗高高飘扬在救灾一线。

当地百姓激动地说："神东救援队一到灾区，我们就看到了希望，神东的员工们没白天、没黑夜地干，太辛苦了，灾区人民永远也忘不了你们！"在这场救援中，神东救援队不畏艰辛，主动承担急难险重的救灾任务，成为灾区抢险救灾的"主力军"和"尖刀连"，以实际行动诠释了央企的责任和担当。

而救护消防大队就是神东救援队伍重要组成力量，在这次救援中充分发挥了专业力量的优势。

图为神东救援队在绥德洪涝灾害救援现场搬运排水泵

来源：国能神东煤炭救护消防大队

时间退回到3个月前。2017年4月19日凌晨4:40左右，陕西省神木市板定梁塔煤矿井下发生透水事故，当班入井7人，1人安全升井，其余6人被困井下，生死未卜。

事故发生之后，一场争分夺秒的救援活动紧张而有序地展开。各级领导高度重视，要求把抢救井下被困人员工作放在第一位，争时间抢速度，严防次生灾害。神东举全公司之力投入救援。

在事故发生不到3小时，救护消防大队就携带气体监测仪、生命探测仪、无线通信系统以及水灾救援装备出现在事故矿井，并按照救援指挥部要求，第一时间展开井下水位、气体等全面监测，逐段开始侦查。

但救人最大的"拦路虎"是巷道里的大量积水。救援人员沿着912米长的巷道，人工把两百公斤重的泵管和14吨重的水泵运到井下，焊接水管，安装、调试水泵，想尽一切办法加快排水。

图为神东救援队在神木"4.19"板定梁塔煤矿成功救出被困矿工

来源：国能神东煤炭救护消防大队

50多个小时的排水过后，神东救护队员为了抢"黄金救援时间"，在"接顶水位"刚刚下降50公分，井下最深处水深仍超过2米多时候，就穿着防水裤，爬上皮带，脚踩二层皮带的两帮，个矮的扶着煤壁和管道，个高的抓着顶板的电缆，向着前方趟水搜救，即使防水裤被刺骨的冷水灌满，他们也毫不退缩，坚定地去探寻生命迹象。终于，焦急寻找信号的救护队员听到了沙哑、激动、颤抖的呼唤，"快救救我们，我们都在这！"

面对170米、25度的井口斜坡，解救被困矿工难度非常大，救护队员全凭着救人的意志，用毛巾将担架和手腕绑在一起，担架后面的队员将担架托在肩膀上，前面的队员跪着，一步一步将被困矿工兄弟搬运出井口。

4月22日上午，"4.19"透水事故的6名被困矿工全部成功获救，生命体征平稳，意识清醒。

在77小时营救的背后，除了感人肺腑还应该让我们有更多的理性思考，6个生命在井下苦苦挣扎，晚到一会就可能"生死两界"，没有时间去犹豫，在那一刻能做的唯一的事情就是立即行动起来。

是的，行动起来！事故发生后不到三个小时，救护消防大队救援人员就出现在事故现场；一天时间内，18个单位、部门协同配合；23小时后，排水系统开始运行、通风系统恢复；3150名救援人员，608台车辆调度，14000多米长的管路和8000多米长的电缆铺设。整个救援过程紧密连接，急而不乱。

在人们感受到岁月静好的背后，是有这样一群人负重前行。救援队员有的是父亲、有的是儿子，他们就在你我身边，但是在危难时刻，他们召之即来，来之能战，为黑暗中的人们带去生的希望。

除了矿井救援及紧急抢险任务，日常参与社会救援抢险，也是救护消防大队的重要任务。

2022年8月17日至18日，受强降雨影响，鄂尔多斯市伊金霍洛旗内部分路段出现道路积水、雨水倒灌，阿镇城区部分小区地库出现积水等汛情。

救护消防大队接到伊金霍洛旗应急管理局召请，第一时间组织应急救援力量，动用排涝车、应急照明车进行抢险救援，疏通道路、抽排积水，全力保障人民群众生命财产安全。

救护消防大队按照现场指挥部部署，负责对涉水严重，被困一百多辆车的伊旗水岸新城津园住宅小区地下车库进行排水及淤泥清理工作。经过一整夜的紧张作业，车库水位明显下降，保护了居民生命和财产安全。

"这是近十几年来，我见过最大的一场暴雨，感谢神东救援队保障了我们的生命财产安全。"伊金霍洛旗津园小区一名业主激动地说道。

"他们不是士兵，却身负抢险救灾的任务；他们不是医护人员，却担负第一时间救死扶伤的义务；他们有着英雄的气概，却鲜为人知。"在一部反映中国矿山救护队的纪录片中曾这样描述救护消防队员。这也是对救护消防大队最精准的描述，他们每一次执行任务都是与生死同行，他们有着钢铁般的意志，他们面对生死营救时义无反顾。

勇挑重担，不负使命

而上述的救援事件，只是救护消防大队光辉业绩的几个片段。

自成立以来，救护消防大队坚持"救援专业化、训练标准化、管理军事化、装备现代化"四化建设，不断加强管理创新，常态化组织实战化训练培训，全面推行军事化管理，持续加强装备水平和科技创新能力，大幅提升队伍战斗力，积极承担一系列重要任务，连续十六年被评为一级救护大队。

积极承担井下事故救援。随着专业能力的不断提升，救护消防大队事故救援领域不断拓宽，涉及事故类型范围逐步扩大，每年参与事故处理近200起。多年来，神东救援力量冲锋在前、敢打头阵，仅2022年就参与事故救援111起，挽救遇险人员27人，搬运遇难者7名。其中，参与陕西省米脂县芦则沟煤矿"7.25"井下透水事故1起，国家安全生产应急救援中心点名对救护消防大队的救援行动进行了通报表扬。抗洪抢险2起，陕西省委、省政府，榆林市委、市政府对其救援行动给予高度赞扬；民房火灾救援19起；汽车火灾救援23起；草林火灾29起；交通事故救援24起。

历年来，救护消防大队参与的典型事故救援有：2008年"7.31"赵家梁煤矿大冒顶事故救援中，通过123小时的努力救援，成功救出8名遇险矿工；2012年"8.16"陕西府谷瑞丰煤矿大面积冒顶事故救援中，成功救出13名遇险矿工；2017年"4.19"神木板定梁塔煤矿透水事故救援中，大队连续奋战四天三夜，将6名遇险矿工全部成功救出，创造了煤矿水灾救援史上的奇迹。

兼顾消防救援任务。救护消防大队现有9支救援中队，还分别担负着内蒙古鄂尔多斯市伊金霍洛旗乌兰木伦镇镇区及巴图塔村、陕西榆林市神木市锦界镇和府谷县庙沟门镇及老高川镇、山西忻州市保德县桥头镇的消防救援职责。

从2013年开始，大队及所属中队分别在鄂尔多斯市、榆林市消防救援支队备案，纳入地方消防救援支队管理，发生火灾等突发事故后可由市消防救援支队调动参加救援任务，为市、县、镇政府的消防建设做出了突出贡献。

注重社会科普知识宣传。结合"安全生产月""119消防宣传日""职业病防治法宣传周"等活动，联合地方综合性消防救援队和地方相关单位，开展安全生产知识宣传和消防安全宣传活动，每年发放宣传单2000余份，并积极应邀开展周边学校、幼儿园消防安全宣讲，有效防范了事故发生，切实增强了人民群众的安全意识。

截至2023年5月，救护消防大队共参与处理各类事故3745起，其中处理井下事故176起，地面火灾、交通及其他事故3528起，抢救生命613人，挽回经济损失18亿元，为保护周边群众生命财产安全做出了突出贡献。

由于履行社会责任业绩突出，救护消防大队多次受到应急管理部和各级地方政府肯定和赞扬，8次被陕西省、内蒙古自治区评为先进集体，一项创新成果被陕西省评为现代化科技创新二等奖，荣获第九届、第十一届全国矿山救援技术竞赛团体三等奖的好成绩，两次被国家安监总局、共青团中央、全国总工会授予"全国青年安全生产示范岗""青年文明号"等称号。

新时代彰显新担当，新征程展现新作为。救护消防大队将认真贯彻落实党的二十大精神和"对党忠诚、纪律严明、赴汤蹈火、竭诚为民"十六字方针，坚定不移坚持人民至上、生命至上，努力建设"专常兼备、反应灵敏、作风过硬、本领高强"国家应急救援队伍，持续履行好社会责任，在防范化解重大安全风险和保护人民群众生命财产安全中发挥更大作用，为维护国家安全和社会稳定提供有力保障。

撰写人：王斌　杨斌　丁海伦　贺敏　王振寰　单宇廷

点评

在危急时刻，逆行是最美的背影。救护消防大队以自己的青春和热血，多年来守护着神东矿区和周边地区的安全和幸福。在他们的身上，深刻体现了"听党指挥、能打胜仗、作风优良"的优良作风。

精准帮扶　走出扶贫新路子

"要注重扶贫同扶志、扶智相结合，把贫困群众积极性和主动性充分调动起来，引导贫困群众树立主体意识，发扬自力更生精神，激发改变贫困面貌的干劲和决心，变'要我脱贫'为'我要脱贫'，靠自己的努力改变命运。"

——习近平

扶贫工作可以帮助贫困地区的人们改善生活条件、提升生活水平，增强他们的获得感、幸福感和自豪感，同时也可以带动整个区域的发展，促进社会的稳定和谐。扶贫的意义不仅仅是解决贫困问题，更是推动全面建设社会主义现代化国家的重要举措。

米脂县和吴堡县都曾是国家级贫困县、国家级扶贫开发工作重点县和吕梁山集中连片特困地区。按照国务院国资委有关要求和国家能源集团扶贫工作整体安排，自2002年起，神东开始对米脂县实施定点扶贫。在神东的大力帮扶下，2019年5月7日，米脂县和吴堡县正式退出贫困县序列，超过4万名贫困群众受益。特别是近两年，在神东的持续帮扶下，两县的脱贫成果得到不断巩固，乡村振兴稳步推进。

产业帮扶栽下"摇钱树"

来到吴堡县岔上镇川口村蔬菜大棚基地里，七八个村民们在大棚间穿梭，忙碌着采摘新鲜的西葫芦，这批3月份种植的西葫芦，经过当地村民们的精心管理，喜获丰收。

这个大棚基地是神东产业扶贫项目。2019年，神东为当地农民帮扶215万元，共建成20个村集体经济有机蔬菜大棚，占地面积约40亩。这些大棚高效利用，一年内可再栽种好几茬蔬菜，经济、社会效益显著，成了村里名副其实的"聚宝盆""摇钱树"。大棚基地采取村经济股份合作社集中管理运营，村民按股分红，用工全部聘用本村村民，优先聘用困难户。当前，西葫芦迎来连续采摘期，按照3个月采摘时间计算，定向售卖给神东2万多斤，所得收益按人头分配给837名村民。

图为神东定点帮扶的米脂县蔬菜大棚

来源：国能神东煤炭新闻中心

川口村党支部书记薛捻平说，首批成熟的西葫芦一天大约能摘700到800斤，两天能摘1500到1600斤，摘下包装好送到神东，大约能赚4000多元。这让村民们感受到了脱贫致富的喜悦和成就感。

在对米脂县和吴堡县定点帮扶过程中，神东坚持将培育产业作为推动群众增收致富的重要抓手。在大力发展扶贫产业的同时，密切关注市场动态，通过"定单式"种植、"定向式"销售等策略，打通产业链上下游堵点和断点，促进产业与市场的良性互动，让产业项目真正发挥内生"造血"功能，实现长效帮扶。

神东派驻吴堡县挂职副县长李升表示，产业帮扶是脱贫之基，富民之本，致富之源，是增强贫困地区"造血"功能、助力群众增收致富的长远之计。通过产业帮扶，可以激活困难户的内生动力，做到"一子落而满盘活"。

"授鱼授渔"是神东帮扶米脂吴堡两县增收致富的一大特色。2018年，神东投入帮扶资金500万元，援建吴堡县东庄村手工挂面厂，带动本村及周边村劳动力50余人，通过务工、分红和贫困户转股等形式，使得东庄村全村284户农户、73户贫困户及周边村贫困人口受益。同时，挂面厂的建成和投运，也是神东推动"产业扶贫"与"就业扶贫"模式的成功实践，带动贫困村和贫困户脱贫致富，取得了长久实效。

慕虎爱曾是吴堡县东庄挂面厂的一名建档立卡贫困户，因为爱人残疾，她成了家里的唯一经济支柱。在挂面厂就业后，慕虎爱白天务工，晚上回家照顾爱人，老两口对生活越来越有信心和底气。

"以前在个体户上班不稳定，现在在东庄挂面厂，每年收入3万多元，生活有了保障。"慕虎爱说。

慕虎爱只是神东产业帮扶受益贫困户的一个缩影。自帮扶以来，神东为两县投入产业帮扶资金5157万元。其中，投入米脂县3435万元，用于60个产业帮扶项目的建设，主要包括高西沟村分布式光伏发电项目、米脂小米提质增效项目及小型农业园区、日光大棚、特色农产品和中草药种养殖场建设等；投入吴堡县1722万元，用于11个产业帮扶项目的建设，主要有青梨产业基地项目、标准化挂面厂建设等。这些项目都带领当地群众增收致富，推动贫困地区的经济发展。

消费帮扶止住脱贫"痛点"

贾军杰是吴堡县郭家沟镇小塔则村党支部书记，为了带动村里的贫困户脱贫增收，村里成立了养鸡合作社，以"合作社+贫困户"模式经营。前两年，受疫情影响，养鸡场积压了大量鸡蛋无人问津，这个承载着贫困户致富希望的产业一度处于步履维艰的境地，贾军杰和贫困户们不知如何是好。

得知相关情况后，神东主动伸出援手，签下养鸡场成立以来"最大订单"，让养鸡场得以"起死回生"，愁眉紧锁的贾军杰和贫困户们瞬间喜笑颜开。

"养鸡场滞销鸡蛋有1.8万多斤，在面临倒闭的情况下，神东帮助我销售了1万多斤鸡蛋，总共将近10万元，村里的集体产业有希望了。"贾军杰高兴地说。

消费扶贫具有针对性强的特点，可以迅速打通制约贫困的"堵点"，让贫困户更好地脱贫增收致富。2023年前，面对疫情带来的严峻挑战，神东充分发挥央企体制和组织优势，挖掘员工群众的消费潜力，充分激发员工群众参与消费扶贫的热情，通过集体认购、员工认购、发放电子扶贫码、设立"专柜"、党员干部员工"一步到户"等多种形式，购买脱贫户滞销的农特产品，拓宽农户农产品销售渠道，让农产品变"滞销"为"直销"，解决了贫困户的燃眉之急。

"线上销售非常火爆，我们每天接到神东和国家能源集团50～60个订购电话，像以前滞销的土鸡蛋、蜂蜜、挂面等农特产品，现在反而变成了畅销品，供不应求。"吴堡县农业产业发展有限公司经理李建荣兴奋地说。

消费帮扶大大激发了当地脱贫户发展产业的动力。吴堡县东塬公司农特产品包装车间一派繁忙景象，一批批红枣、核桃、高粱等农特产品被打包销往神东。吴堡县东庄村党支部书记兼集体经济合作社理事长王艳军介绍说，这些农特产品都是从脱贫户手里收购的，这是第四批次了，累计价值已经超过3万多元。

为了助推脱贫户农产品顺利销售，神东还积极开展助销"代言"活动。神东派驻吴堡县红湾村第一书记经常在微信朋友圈推销当地农特产品，帮助当地脱贫户促销。这种方式不仅增加了农产品的知名度和影响力，也为当地脱贫户创造了更多的销售机会和收入来源。

图为神东认购米脂县滞销苹果

来源：国能神东煤炭新闻中心

神东派驻吴堡县挂职副县长李升说："通过消费扶贫可以快速打通从产到销的'最后一公里'，促进脱贫户的产品线上线下快速流通，让优质产品真正转化为老百姓实实在在的收入，达到快速致富的目的。"

近年来，神东通过购买产品大礼包、设立帮扶窗口、直播带货、党员带头全员购买、购买电子消费码、设立自动售货机等多种方式，为脱贫攻坚和乡村振兴作出了积极贡献。累计在两县进行消费扶贫达到1.13亿元，其中在米脂县达到7566.47万元，在吴堡县达到3760.53万元。

"志智"双扶推开致富门

米脂县和吴堡县地处吕梁山连片特困地区，土地贫瘠，经济发展水平低，百姓思想保守，多年来一度过着"靠天吃饭"的日子，是陕西省贫困县。在精准扶贫中，神东针对米脂县和吴堡县致贫特点，立足当地实际，深入推动精神脱贫和物质脱贫"双轮驱动"，通过"志智"双扶，激发群众脱贫志气，增强致富底气。

牛换兰是吴堡县东庄挂面厂的一名职工。前几年，因爱人身患残疾没有劳动能力，一家人以种地为生，生活困难，几度对未来失去信心。2017年，神东投资500万元，在寇家塬镇东庄村援建了东庄挂面厂，并出资引进专业培训机构。像牛换兰一样有劳动能力和脱贫志向的贫困户，都可以免费参加培训上岗就业。牛换兰踊跃报了名，掌握了挂面制作技术后，也有了稳定的收入来源。日子渐渐好起来，生活也变得更加充实和有盼头。

"从和面开始，搓条、上面、晾挂，只培训半个月时间，我就学会了如何制作挂面。现在一个月可以挣3000多元，生活有了保障，我很开心。"牛换兰高兴地说道。

物质脱贫相对容易，但精神脱贫却是一项艰巨的任务。为了补齐百姓脱贫的"精神短板"，我们不能仅仅让他们富了"口袋"，更要让他们富了"脑袋"。近年来，神东通过派驻挂职扶贫干部，开展党建共建、主题党日活动、改善村容村貌等多项活动，从思想和精神层面上激发他们的奋斗动力。

在助推吴堡打赢脱贫攻坚战中，神东围绕思想教育、技能培训、结对帮扶等多个方面，积极激发贫困户脱贫的内生动力，从思想上、精神上帮他们"站起来"。特别是针对那些有劳动能力及有就业意向的贫困户，神东因地制宜地开展牛羊养殖、食品加工、家政服务等多项技能培训，让贫困村民掌握一技之长，拓宽增收渠道，达到"以扶智促扶贫"的目的。

基建帮扶架起企地"连心桥"

米脂县和吴堡县地势险峻，山高沟深，基础设施长期滞后，成为制约当地经济发展和致富的瓶颈。在助推当地发展中，神东坚持精准发力，围绕当地百姓最关心、最直接、最现实的利益问题，以改善基础设施建设为突破口，实施了一批关系百姓福祉的基础设施工程，极大地改善了当地人居环境，在企地之间架起了一座"连心桥"。

"以前，我曾在这个地方教过学，整个村庄前后都没有桥，要到沟对面必须绕到后面，至少得走十几里路。现在神东修建了这座桥，交通变得更加便利，车辆和摩托车都可以通行，为村民生活带来了很大的改善。"吴堡县尚家坪村相关负责人康艳斌告诉记者。

康艳斌所在的村子是吴堡县辛家沟镇尚家坪村，村子被一条深沟分割成两半。这条相隔不足百米的沟壑，成为这里村民世世代代难以跨越的阻隔。近两年，神东累计投入帮扶资金125万元，为尚家坪村等地修建桥涵工程，彻底解决了4村1306户3155人出行难的问题。

"群众最需要才是最精准。"神东把基础设施建设作为改善群众生产生活条件的着力点，全力解决贫困村贫困户的路、水、行等问题，筑牢脱贫攻坚基础，让帮扶成果直抵群众心坎。通过改善基础设施、产业帮扶、"志智"双扶、党建引领等一揽子精准帮扶措施，米脂、吴堡两县彻底拔掉了"穷根"，步入了幸福的小康生活。

神东的定点帮扶工作得到了陕西省各级地方政府的高度肯定，2020年被陕西省授予"脱贫攻坚组织创新奖"，多次被榆林市、米脂县和吴堡县授予"脱贫攻坚先进集体""社会扶贫典范""助力脱贫攻坚爱心单位"等荣誉。集团的帮扶思路与成功经验得到中国国际扶贫中心高度认可，2022年，神东帮扶米脂吴堡两县案例《苹果挂面小产业 打通乡村"致富路"》荣获"第三届全球减贫案例征集活动"最佳减贫案例，被收录进南南合作减贫知识分享网站——中外减贫案例库及在线分享平台。

撰写人：张凯

📄 **点评** ───────────────────

　　扶贫成败之举在于精准。神东敢于啃硬骨头，研究扶贫工作存在的痛点，深入了解对口帮扶的米脂、吴堡两县的优势与发展瓶颈，结合神东自身的资源和力量，从产业扶贫、消费扶贫、"志智"双扶等方面多管齐下，帮助当地群众真正脱贫致富，走出了一条从物质"富口袋"到文化"富脑袋"的授之以渔的扶贫新路。

大师工作室　技能人才的梦工厂

"坚持党管人才原则，坚持尊重劳动、尊重知识、尊重人才、尊重创造，实施更加积极、更加开放、更加有效的人才政策，引导广大人才爱党报国、敬业奉献、服务人民。"

——节选自党的二十大报告

"创新离不开人才的支撑，大师工作室是梦开始的地方。"神东作为煤炭行业科技创新的标杆企业，坚持完善创新体系，发挥劳动模范、技能大师示范引领和骨干带头作用，探索设立青年工匠、劳模创新、技能大师创新工作室等，将其打造为科技创新人才的"梦工厂"。

"青"而有为的青年工匠工作室

"青年更懂青年，大师带出大师"，是设备维修中心流传的一段佳话。1984年出生的王飞师从全国煤炭行业技能大师张凤明，在自己斩获同样的荣誉后，也创立了以自己名字命名的工作室，"王飞工作室"将青年培养作为自身的使命所在。

"我们工作室成员除了每人带4至5名徒弟外，还根据生产现场的实际和调查问卷等形式，多元化展开线上、线下教学工作。"王飞介绍说，定制化的培训教学不仅提升了培训的针对性，也提升了解决生产问题的实效性。目前，工作室已经累计完成科技创新成果36项，解决生产难题68项。

不仅如此，王飞还持续完善工作室的焊接工艺查询平台，通过编写各种材料焊接方法及工艺，汇总了二十多项工艺，给青年的学习提升提供了丰富的资源。

图为设备维修中心李凯正在用外径千分尺核实连采机轴齿轮关键部位

来源：国能神东煤炭新闻中心

类似这样的工作室，设备维修中心还有李建明创新创效工作室、张晓东青年工匠工作室等，分别深耕于设备维修中心电、钳、焊主要业务领域，实现了设备维修中心技能人才梯队的有序接替。

针对先锋青年作用的进一步发挥，设备维修中心制定出台《设备维修中心青年工匠工作室运行管理方案》，对各类工作室具体业务指标进行指导。特别是在考核项目中，不仅给出了青年培养成才的具体目标，还提出开展跨部门的培训指标，将优秀青年的带动影响力扩大到全中心。

目前，设备维修中心建成了3个公司级青年工匠室。成立3年来，30名工作室成员每年培训约220期1900人次，荣获创新创效、专利奖等30多项，服务矿井一线约30次，切实发挥了小阵地的大作用。

匠心传承的劳模创新工作室

"创新工作室这个平台，在煤炭行业引领了未来。煤矿的发展需要加强一线技术人才培养，进一步掌握技能，更需要不断地创新。"这是补连塔煤矿劳模创新工作室负责人韩伟对建立创新工作室的理解。

韩伟高中毕业后进入补连塔煤矿。他以善啃硬骨头、创新能力强而著称，对学习新技能、新工艺充满了热情，同时注重实践中的创新。韩伟扎根生产一线三十多年，为国产锚杆机、锁车、连采机的使用、改造提供了宝贵的技术资料，参与多次设备技术改造工作，解决了井下钻探和吸尘系统功耗等困扰安全生产的问题，所带领掘进队多次打破生产纪录。2015年，韩伟被授予"全国劳动模范"称号。

图为补连塔煤矿韩伟劳模和工匠人才创新工作室揭牌仪式

来源：国能神东煤炭补连塔煤矿

补连塔煤矿非常重视韩伟在修旧利废方面的才能，2015年专门成立劳模创新工作室，发挥劳模引领作用，鼓励成才聚才，委以高素质高技能人才队伍培养的重任。工作室运行近8年来，累计投入300万元，建成高标准的培训教室5间，电工操作、PLC、机械加工装备等各类实操平台21处、修旧利废"工匠之家"、三维动画工作间、"三创"教研室7间，可同批次容纳72人进行培训实操学习，对内年培训量超600人次。完成科技创新项目22项，累计创效1.54亿元。劳模创新工作室配备了一流的技术人才队伍，由13名技能大师组成技术创新小组，涵盖了矿井各个工种，并负责指导全矿职工修旧利废、学习培训、技术攻关等工作。

为了让更多的员工重视培训工作，参与到培训中来。补连塔煤矿发挥正向考核引导作用，加大奖励力度，推进员工技术创新，围绕提升全员创新的积极性和主动性，修订了《补连塔煤矿职业技能师考核管理办法》《补连塔煤矿职工创新工作室管理办法（试行）》《补连塔煤矿机电专业技能大师考评管理办法》等制度，重点加大对"五小成果"、专利、科技论文等方面的奖励。

像这样由劳模、技能大师牵头的安全培训和创新平台，在神东就有四十多个，与之配套的是神东用制度杠杆撬动的创新机制。为了营造一个鼓励创新、支持创新的"创新创效"环境，神东根据自身实际，研究出台了科技创新管理办法、知识产权管理办法、科技创新应用成果评奖以及推广应用管理办法、"五小"成果管理办法等。与此同时，每年将创新成果通过交流会、"金点子"献策、成果展示等不同形式进行宣传，引导各个基层单位进行推广应用。

"智"立潮头的技能大师工作室

"我觉得自己是幸运的，从业至今始终做着一件事情，在有限的人生里，做着值得奋斗终身的事情。"洗选中心创新工作室带头人李桐坡说。

42岁的李桐坡是个标准的"工科男"，好琢磨、爱捣鼓是李桐坡最大的特点，加上热爱学习，练就了过硬的技术。凭借着过人的胆识和本领，他不但解决了多个技术难题，还成了大家心目中创新的典范，先后获得"陕西省五一劳动奖章""三秦工匠"等荣誉，2022年，他被评选为陕西省劳动模范。

图为李桐坡给学员讲解胶带机拉绳、跑偏保护装置

来源：国能神东煤炭新闻中心

李桐坡技能大师工作室于2018年成立，以一个目标、两个重点、三个抓手为建设思路，以智能化选煤厂建设、煤炭高质化利用、矸石资源化利用、科技创新团队建设、技术创新人才培养为工作重点，在"自动装车""进口二次仪表替代""进口加压过滤机控制系统自主可控"技术攻关等方面取得了丰硕成果。其中"智能自动装车系统"鉴定为"国际先进"，获得国家发明专利，荣获中国煤炭工业协会优秀成果一等奖和中国煤炭工业科学技术奖二等奖及专利奖二等奖；"新型火车车速监测无线移动终端开发"荣获煤炭工业协会优秀创新成果一等奖。

神东洗选中心用的是进口加压过滤机，日常运维委托厂家进行，每当发生程序、系统、设备闭锁等问题时，控制源程序等核心资料掌握在厂家手中，须协调联系厂家技术工程师到现场解决，影响生产进度。2020年，李桐坡带领团队针对进口加压过滤机易出现问题开展技术攻关，成功实现控制系统自主可控，改变了过去出现故障后只能依靠外方技术人员的被动局面，节约了维护资金，积累了技术实力。

截至2021年，李桐坡带领团队先后完成重点技术攻关科技创新项目52项，8项成果获得省部协会级，集团级科技创新奖项。2018年至2019年，洗选中心完成各类创新项目249项，获得发明专利和实用新型专利43项，发表论文98篇，为企业创造效益上千万元，为智能化选煤厂的建设解决了关键难题。

李桐坡不断挑大梁担当创新项目带头人，他更加看重技术骨干的传帮带。李桐坡技能大师工作室创新性采用理论授课与一系列技术攻关项目相结合，从工程项目中培养锻炼团队人员创新能力，提升业务技能水平，通过传帮带，培养了一批技术骨干和专业技术能手，为煤矿智能化发展提供充足人才保障。

撰写人：李亚

点评

创新工作室既是发挥才能的平台，更是承载创新热情的载体、培育创新人才的基地。神东重视创新工作室的打造，通过推介劳模、工匠、技能大师工作室，让员工向往加入创新工作室；通过给资源、给政策扶持创新工作室的发展，让他们更好地创新；通过授权赋能发挥创新工作室的传帮带作用，让创新工作室成为了创新人才成长的梦工厂。

02

文化惠民

　　神东矿区不仅仅是一个朝气蓬勃的煤炭生产基地，更是一片充满人文气息的生活家园。神东始终与职工、家属共创共享，精心打造了一系列文化惠民服务品牌，如广受欢迎的公益培训、丰富多彩的指尖微课、氛围感满满的书香神东、有磁力的文化神东、"时尚"的智慧场馆、走心的文化基层行、主题性的文艺汇演等，给生活在矿区的人们带来了更多的幸福感、获得感和安全感。

文化神东 有温度的文化磁场

"实施国家文化数字化战略，健全现代公共文化服务体系，创新实施文化惠民工程。"

——节选自党的二十大报告

"不觉中，'文化神东'已成为我生活中不可或缺的一部分。每一期的信息我都会关注，每一次的主题活动我都会参与。一路有你，温暖相伴，你一直在，我一直爱！"

"'文化神东'就像我内心的一个小屋，更属于所有关注者的小屋。希望你能够给每个小屋中的人带去更多的温暖和力量。"

四年前，"文化神东"走进了大家的视野，走到了矿区员工群众身边。从此，一个有温度的文化磁场悄然形成。这个与文化结缘的新媒体平台，从呱呱坠地到一路成长，太多温暖的故事和精彩的瞬间值得回味……

图为"文化神东"微信公众号

来源：国能神东煤炭企业文化中心

精心筹备：有不易，更有责任！

党的十九大报告指出："文化是一个国家、一个民族的灵魂。文化兴国运兴，文化强民族强。没有高度的文化自信，没有文化的繁荣兴盛，就没有中华民族伟大复兴。"企业是社会的细胞。作为推动文化宣贯、推进文化实践的主责单位，如何发挥好举旗帜、聚民心、育新人、兴文化、展形象的使命任务，如何更好地为矿区广大员工群众提供精准有效的文化产品和服务，促使抽象的文化概念有效转化为丰富的文化实践，是企业文化中心全体干部员工肩上沉甸甸的责任。

全媒体时代，企业文化建设载体更加丰富，形式更加灵活。彼时，神东坚持媒体互动、融合发展，打造了"十微两端"新媒体矩阵，有效扩大了企业宣传影响力。然而，神东矿区还缺少一档专门针对企业文化传播展示、一站式文化服务的新媒体平台。

如何以信息化手段为支撑，构建集文化宣贯、公共服务、文体服务等功能于一体的综合性传播、服务平台确有必要。企业文化中心进行了受众调研、专家研讨、主题策划、内容设计等，经过一个月的精心筹备，2018年12月17日，"文化神东"以微信服务号形式正式上线运营。

图为工作人员正在介绍"文化神东"微信公众号

来源：国能神东煤炭新闻中心

"当初我们都是新媒体小白，压力特别大，一直在各种平台学习公众号运营方法，好多天晚上睡不好觉。"谈起当初艰难的运营，小编记忆犹新。

"为做好前期推广工作，我们同步开展了线上线下宣传活动。我和办公室小伙伴们经常进行线下宣传，有好几次，嗓子都快喊哑了，看到粉丝每天在增长，再累也觉得值！尤其是'迎新春我最喜爱的文艺节目评选'线上宣传活动，使粉丝一度增至3万，访问次数超48万人次，看到这样的结果，我们真的很开心，很感动……"作为公众号运营主责部室负责人，赵晓蕊深有感触。

多样服务：有精彩，更有温度！

公众号推出后，如何边运营、边总结、边优化，更好地发挥信息、服务、传播作用？工作人员一直在思考，一直在探索……

巧借"新媒体"东风做好信息传播，是"文化神东"的必修课。为方便员工获取文化资讯，"文化神东"底部菜单栏常态化设置集团企业文化理念、集团RISE品牌战略、神东企业文化理念内容。每期会动态推出习近平总书记关于文化建设、宣传思想工作重要论述等内容。

更值得一提的是，"文化神东"陆续推出"重温红色记忆·激发奋进力量""5个100""喜迎二十大·同心向未来""5·20""学习宣传贯彻党的二十大精神，安全宣贯我先行"等主题系列活动，互动参与近5万人次。

设备维修中心付俊敏说："关注并参与'文化神东'主题活动，是我工作和生活的一部分。尤其是'5个100'系列活动内容丰富，形式多样，让我们足不出户就可以听党史故事、唱红歌、看电影、读好书、观展览，感觉特别好！"

插上"新媒体"翅膀，将"文化神东"打造成一站式智慧文化云服务平台也是大家努力的方向。公众号聚合了职工电子书屋、电影资源、场馆资源、公益微课、展览展示、培训预约、主题音乐汇等文化服务资源，让员工即点即得。

"以前公益培训都是现场报名，尤其是孩子的游泳培训特别火爆，得早早排队，费时费力。自从'文化神东'开通微信预约之后，不到1分钟就可以完成报名。""我最喜欢健身操微课了，疫情期间带着孩子在家里练习，既锻炼身体又愉悦身心。""文化神东"的用心服务得到了大家的认可和赞许。

更加备受关注的还有"文化神东"的对话服务平台。截至目前，对话平台共收到文化信息咨询近1万条，工作人员会针对每一条问题在3个工作日内给予回复，为大家答疑解惑。同时，依托平台常态化开展线上文化服务满意度调查和服务质量评价。2018年以来，共开展文化服务调研6次，参与近6万人次。

图为"文化神东"1周年座谈会现场

来源：国能神东煤炭企业文化中心

融入新媒体窗口，做好传播展示，是"文化神东"的又一项重要职责。"亮点展示""文化成果""我们的节日"等常态化的专栏逐步成为讲好神东故事、传播神东好声音、弘扬优秀传统文化的品牌栏目。

"亮点展示"主要为各单位文化建设、神东煤海"乌兰牧骑"文化品牌等文化惠民服务亮点内容，架起了文化交流展示的桥梁和纽带。"文化成果"主要展示神东30多年来文艺工作者、各单位文艺骨干、文化志愿者自编、自导、自演的原创歌曲、语言类作品、情景剧等文化文艺作品，用有筋骨、有温度、有生命力的优秀文艺作品丰富矿工的精神世界。"我们的节日"结合"春节、中秋、国庆"等传统节日，策划线上宣传活动和展示内容，引导矿区员工群众传承、弘扬中华优秀传统文化，传播正能量。

"生动"的文化资讯，"可感"的文化服务，"亮眼"的文化展示……文化插上了新媒体翅膀，绽放出了绚丽的光彩。

贴近矿工：有相伴，更有成长！

截至2023年8月，"文化神东"共发布240期1244条内容，互动点赞近80万人次，粉丝3.2万+人，同步完成了文字、logo等相关内容的商标注册。"文化神东"的成长，离不开运营团队的辛苦付出，更离不开矿区员工群众的关注陪伴！

"要聚焦一线矿工需求，发布的内容要更生动，更接地气，做出平台特色。"

"建议加强与各单位的互动联动，多展示各单位文化建设亮点，每年设计主题活动，能让更多的人参与进来。"

"要注重对话平台作用发挥，让一线员工群众更加认可并依赖，平台就有了旺盛的生命力。"

每年12月，"文化神东"周年回馈交流活动都会如约进行。通过这样的方式，让广大粉丝朋友持续扮演着"文化神东"参与者、推动者、监督者三种角色，让更多的员工群众走近"文化神东"、了解"文化神东"、信赖"文化神东"。

党的二十大报告提出，实施国家文化数字化战略，健全现代公共文化服务体系，创新实施文化惠民工程。这是党中央立足新的历史方位，顺应文化数字化发展趋势，面向现代化、面向世界、面向未来提出的文化发展战略，对于推进文化自信自强具有重要意义。

秉承新时代新要求，企业文化中心将持续聚焦企业发展战略，聚焦员工群众对美好生活的向往，在新媒体运营上，注重凝聚效应、反馈效应、传播效应，让"文化神东"真正成为对内传播文化、服务生活的新平台，对外展示形象、塑造品牌的"新窗口"。

关注文化神东，感受神东文化！"文化神东"，一个陪伴神东人近五年的"老朋友", 一个集文化信息、文化服务、文化展示于一体的新媒体平台, 一个凝结幸福、传递快乐、输出价值的文化磁场。一起期待, 这个有温度的文化磁场释放更多的正能量, 更好滋养神东人的精神家园, 助力神东企业文化持续深耕厚植, 结出累累硕果。

撰写人: 王玉丽

点评

一句"老朋友", 凸显了"文化神东"的定位, 更体现了神东人对"文化神东"的情感。这份情感的背后, 是"文化神东"的运营者始终秉承的自我加压的态度, 精益求精的精神和服务员工的追求, 这也是确保"文化神东"不断茁壮成长的密码。

你有梦想　我有舞台

"越是深化改革、扩大开放，越要加强精神文明建设。要持之以恒抓好理想信念教育，培育和弘扬社会主义核心价值观，广泛开展群众性精神文明创建活动，不断提升人民文明素养和社会文明程度。"

——习近平

"最期待每年夏天神东专门为矿区孩子们开展的葫芦丝、乒乓球培训……""我参加了'蓝海豚'公益培训，专业的教练、一流的场所、优质的服务，不仅让我学会一项技能，还有了一次难忘的体验。"

要说神东的文化惠民服务名片，公益培训绝对是这百花丛中最亮丽的一束。为了让矿区每一个有爱好的人都有展示的舞台和交流的平台，企业文化中心聚焦员工群众的文化需求，常态化分层分类推出"蓝海豚"游泳、"场馆+"文体场馆培训日、"蒲公英计划"等普惠性强、受众面广的公益培训，切实提升了员工群众的幸福感获得感。2018年以来，共开展体育类、文艺类、传统文化类等公益培训84期，参培近5万人次。

"蓝海豚"游泳培训，激起快乐水花

要说公益培训中哪个项目最火爆最抢手，那一定非"蓝海豚"莫属！企业文化中心上湾文体游泳馆每月组织一期"蓝海豚"游泳培训，每期12天，至少20人参培。为方便员工参培，每期培训开始前，会在神东信息网和"文化神东"微信公众号发布培训通知，并同步开通微信预约报名通道。每次的预约报名，不到2分钟，培训名额就会被一抢而空，火爆程度可见一斑。

图为"蓝海豚"游泳培训现场

来源：国能神东煤炭企业文化中心

在每一次的培训现场，教练都会带学员做热身运动，详细讲解蛙泳学习注意事项，并用水陆结合练习的方式，让学员模仿学习蛙泳滑行的基本动作，及如何在水中换气、漂浮等。现场学员按照教练要求练习动作，犹如一只只"蓝海豚"在水面欢腾雀跃，激荡起了快乐的浪花。

"我们会安排学员在泳池的浅水区进行基本动作的练习，等学员完全掌握动作要领后会进行深入学习。漂浮、换气是蛙泳学习特别重要的环节，我们会引导学员按照标准动作进行练习，特别注意纠正初学者的一些错误动作，为后面课程的学习打好基础。后期我们也会加强学员间一对一练习，提高培训质量和效果。"游泳教练说。

"这几年，由于长时间不运动，腰椎、肩颈都出现了一些问题，为了健康，我选择了游泳这种锻炼方式。'蓝海豚'游泳公益培训对我来说是一个大大的福利，游泳场馆环境优美，教练的教学也很专业，有针对性。虽然刚开始学，但我感觉整个人都舒展了，真的很开心！"第一次尝试学习游泳后的学员贾永丹说。

学员王艳感叹："工作了一天，下班带着孩子来游个泳，简直不要太幸福。"

为确保入馆活动及培训人员安全，工作人员还会定期对游泳馆进行全面清洁、消毒，按照国家游泳池水质标准要求进行一系列检验检测，让学员学得更踏实、更开心。

蒲公英计划，播撒文化的种子

孩子放假了，假期怎么安排？你看，舞蹈排练厅里，孩子们翩翩起舞；文体馆里，乒乓小将挥汗如雨……每一个有爱好的孩子，都可以在这里找到自己喜欢的培训项目，和小伙们一起，欢乐整个夏天！

为丰富矿区员工子女暑期文化生活，让文化种子在神东矿区生根发芽，企业文化中心充分发挥文化服务职能，开展"蒲公英计划"少儿公益培训，培训有少儿游泳、街舞、民族舞、乒乓球、羽毛球、书法、葫芦丝、足球、篮球、电子琴、剪纸、古筝等项目，丰富多彩的课程吸引了众多矿区家长和孩子们的关注和参与。

图为"蒲公英计划"少儿舞蹈培训现场

来源：国能神东煤炭企业文化中心

"今年我给孩子报了咱们企业文化中心组织的街舞培训班。孩子兴致很高，每天晚上在家把老师教的动作很认真的练几遍，还拉起我们家长跟她一起练，希望以后多开展这样的培训班,这是孩子们的乐园。"矿业服务公司员工杨艳阁开心地说。"感谢企业文化中心为孩子们创造这么好的学习平台,不仅让孩子们学习到专业知识,同时也丰富了矿区员工家属的精神文化生活,营造了浓厚的文化氛围,给'蒲公英计划'点赞!"洗选中心员工张涛说。

少儿培训采取教师授课和学员实践相结合的方式,以培养孩子兴趣和艺术素养为教学目的。通过专业辅导,培养和提升孩子们对文化艺术的认知与理解。培训期间,老师精心设计教学课程,寓教于乐,让孩子们在温馨欢快的氛围中学习,享受学习带来的快乐。同时,老师与家长们时时互动,在微信群内及时发送学习视频,看到孩子们的点滴成长和进步,家长们不断点赞。每一个培训项目结束后,均组织了教学成果汇报,检验孩子们短期学习的成果。

企业文化中心相关负责人介绍,在暑期集中开办少儿培训,就是希望孩子们能够在假期掌握一些艺术、体育方面的技能,尤其是游泳培训,在强身健体的同时,还能够增强自保自救能力,让孩子们健康、快乐地成长。

场馆"培训日",为文体爱好者加油

文体场馆"培训日"是企业文化中心根据每个场馆特色开展的常态化培训,培训时间均在晚上的7:00—9:00,旨在用边指导、边互动交流的培训方式,让广大文体爱好者在放松身心的同时,提升运动技能。

首期文体场馆"培训日"共有乒乓球日、游泳日、健身指导日、瑜伽日、网球日、羽毛球日、剪纸日、二胡日8个培训指导项目,是企业文化中心按照公司创新开展文化惠民工程相关要求,聚焦员工群众需求,为进一步提升员工群众的幸福感和获得感而推出的一项文化惠民暖心清单。

南区活动中心的每周一是剪纸培训日,由全国传统工艺大赛"金剪子"奖获得者、榆林市非物质文化遗产传承人李淑琴老师担任指导老师。上至七十多岁的老年人,下至八九岁的小学生,学员络绎不绝。上湾文体馆每周三是网球培训日,一群网球爱好者随着老师的指导握拍、挥拍,享受着运动的快乐。

图为场馆"培训日"羽毛球培训现场

来源：国能神东煤炭企业文化中心

　　"8个培训项目我都想参加，尤其是乒乓球、游泳和健身指导，都是我期盼了很长时间的培训。"不少学员在现场开心地分享着参训感受。在培训指导中，学员们跟着老师的教学节奏认真地学习和训练。

　　你有梦想，我有舞台！未来，神东企业文化中心将充分发挥智慧场馆优势，最大程度满足培训服务公益性、普惠性和便利性的要求，定期开展培训服务质量评价，创新培训内容和方式，让矿区员工家属在享受每一次的培训服务中都能有愉快的体验，在每一次学习交流中都能提升自己、超越自己。

撰写人：王文颖

点评

　　本着文化共享、文化惠民的原则，企业文化中心聚焦员工群众的文化需求，积极探索创新公益性培训模式，做实"公益培训"品牌，为每一个有爱好的员工提供提升和交流的平台，把更多的优质课程送到了广大矿区员工群众身边，播撒文化种子，丰富矿区人民精神文化生活。

指尖上的微课　小课堂成就大幸福

"决不要把你们的学习看成是任务，而是一个令人羡慕的机会。为了你们自己的欢乐和今后你们工作所属社会的利益，去学习……"

——爱因斯坦

"请大家到直播间学习剪纸视频，@所有人"

"每天跟着梁老师练字打卡"

"快来和不老女神常老师一起动起来"

…………

企业文化中心推出的各类公益课堂微信群里，涌动着一群积极热情、求知若渴的大朋友和小朋友们！他们时而认真聆听，只为跟上学习的脚步；时而俏皮可爱，那是因为掌握了新知识而感到自豪与兴奋；时而放飞思绪，那是内心的幸福和满足在发酵。

小课堂诞生记

2020年，一场突如其来的新冠疫情改变了人们的工作生活节奏。尤其是作为常态化群众文体活动的主办单位，企业文化中心面临着打好疫情防控阻击战与精准提供文化服务的双重压力。在那段特殊时期，企业文化中心以"停馆不停业""停课不停学"思路为指引，不断努力探索如何为人们提供有效实用的公益培训课程，缓解疫情下的焦虑情绪，发挥文化服务职能，提升矿区广大员工群众的幸福感获得感。在中心领导的带领下，企业文化中心上下团结一致，积极探索，推出了打破时间和空间限制的线上授课新模式——公益微课。这一举措，大大扩展了公益培训的覆盖面。

"什么？线上授课！"

"会有人听吗？"

"这个需要备课、授课、拍摄、剪辑、配乐等，程序多着呢，不太好弄。"

既有质疑，也有欣喜，更有兴奋。然磨砺方成长，初蕊展芬芳。正是在辛劳和汗水的浸染下，企业文化中心首期书法公益微课堂在"文化神东"微信公众号亮相，一经亮相。一经推出，点击量近600人次，这种短平快的线上学习方式受到了矿区员工家属的热情追捧。

图为梁海生老师正在录制"书法公益微课"

来源：国能神东煤炭企业文化中心

"今天咱们的第一课，先来了解一下中国毛笔字。本期学习重点包括：一是学会握笔的方法，二是掌握毛笔的特点……"神木市书法协会会员梁海生老师认真耐心地进行着专业讲解，让学生们感受到了学习的乐趣和成就感。这样的公益微课不仅满足了学员随时随地学习的需求，而且不受人数的限制，拓宽了参与人员的覆盖面。

尽管梁老师的第一节书法公益微课改变了传统的授课方式，得到广大矿区员工家属的认可，实现了线上公益微课的开门红。但是台上一分钟，台下十年功，困难与挑战无处不在。"虽然热爱书法，也曾参加过各类大大小小的活动，拥有丰富的教授书法经验，但是当摄像头对着自己，感觉镜头对面有无数双眼睛在盯着自己，不免有些紧张和不知所措。实际上，我面对学生讲课时并不会这样紧张，这种紧张的缘由也许是因为我无法预知学生的反应和互动性吧。"聊起首次录制微课的经历时，梁海生说道。

小课堂成长记

"这个《煤的形成》剪纸作品完成后我得赶紧备课了。"

"这一块的光要怎么处理，明天找鹏远去请教一下。"

"不干不知道，原来配音乐也是个大学问。"

这个团队从最初的懵懂无知到现在的行家里手，经历了无数次的修改，无数次地退回，无数次地重新来过。只有亲身经历这些，才能真正懂得其中的艰辛和不易。

图为李淑琴老师录制的"剪纸公益微课"

来源：国能神东煤炭企业文化中心

快看！剪纸课程正式开讲啦！由陕西省工艺美术大师李淑琴老师亲自示范指导，将中国传统文化融入剪纸艺术中，真是太神奇了。剪刀在李老师手中变得异常灵活，娴熟的手法和优美的线条，一点点呈现出一个饱满的红石榴，犹如跃然纸上一般，这个作品象征着各民族要像石榴籽那样紧紧抱在一起。"我最喜欢的就是剪纸课，可以感受中华优秀传统文化的博大精深。"一位热爱剪纸的学员在"文化神东"微信公众号后台留言。

图为常亚平老师录制的"健身公益微课"

来源：国能神东煤炭企业文化中心

你瞧！燃脂操课开始啦！随着动感的音乐响起，神东的"美少女"在舞台上炫酷亮相！作为微课中一道亮丽的风景，燃脂操公益培训散发着青春的活力，让人感受到无限的能量。教练们洋溢着热情的笑脸，在节奏韵律下，带领着学员们整齐划一地跳动，让学员们在工作之余，放松身心、缓解压力，身体心肺功能及耐受性大大提高。同时，全身的肌肉群得到了充分的锻炼，快速练就健美肌肉，展现运动美，实现了身体和心理的双重愉悦。"疫情期间哪都去不了，跟着这些美少女一起动起来，不仅能锻炼身体，还能愉悦身心，真是太好了。"一位热爱运动的忠实粉丝感叹道。

快来围观啊！网球公益微课正式开放啦！从握拍、发球基本动作到正手截击、反手网前截击、切球等，教练详细地分解演示了动作，推出了一系列课程，让学员足不出户就能轻松掌握网球技巧。相比于线下学习，这种方式不仅节省了时间和经济成本，而且学习方式更加灵活，学习内容更加直观，重要的是，如果掌握不好某个动作要领，还可以反复回看。这真是一种看得见的福利、实惠和幸福！

在不断探索与实践中，企业文化中心陆续推出了少儿舞蹈、古筝、声乐等文艺类微课，游泳、广场舞、健身操、瑜伽、健身器械使用等体育类微课，还有书法、剪纸等传统文化类微课150节，吸引了超6万人次参与互动。

小课堂成就大幸福！无论是疫情弥漫的特殊时期，还是疫情消散后拥抱"春天"的日子里，这些公益微课仿佛蒲公英的种子，通过指尖的轻触，飘舞到千家万户。它满足个性，让你学习自己喜爱的内容；包罗万象，文化、艺术、体育任你选；时空自由，随时随地都能学习；高效便捷，让你反复观看，精益求精。

小课堂未来记

策马扬鞭，奋蹄疾驰，乘势而上，正当时。未来，在公益微课上将常态化推出广受欢迎的文艺、体育及传统文化类公益微课，同步在"文化神东"微信公众号与大家分享。同时，我们还将努力做好"蓝海豚"游泳培训、"蒲公英计划"、公益大课堂等公益培训，让线上线下课堂优势互补。

构建一个全新的"党建＋公益课堂"新模式，利用中心党支部"一小组一品牌"优势，发挥党员的先锋模范作用，让整个团队活跃起来，参与进来；拓宽"公众号＋推广宣传"新思路，充分调动员工家属的参与热情，提高员工群众转发和分享微课的积极性；推出一个"必修课程＋选修课程"融合新举措，基于企业文化中心职工文化服务职能，不断输出传统线下课程服务，努力吸引神东各单位人才参与进来，融合各渠道人才优势，新增美食制作、社交礼仪等课程，弥补线下课程资源短缺的短板。

不断做实做强公益微课，努力打造公益微课品牌，永远在路上。让我们一起携手前行，为繁荣矿区文化事业，提升矿区员工文明素养贡献力量！

撰写人：祁明珠

点评

公益微课突破了地域和时间的局限，员工在工余时间随时随地都能拿起手机学习。同时课程内容丰富形式多样，极大满足了职工的兴趣爱好和求知欲。公益微课已经成为神东人身边不可或缺的伙伴。

最是书香能致远

"希望广大党员、干部带头学习，修身养志，增长才干；希望孩子们养成阅读习惯，快乐阅读，健康成长；希望全社会都参与到阅读中来，形成爱读书、读好书、善读书的浓厚氛围。"

——习近平致首届全民阅读大会举办的贺信

"今天我来为大家分享一下《平凡的世界》读后感，我认为这部小说最大的价值在于，它对人性和社会问题的深刻探讨。小说中描绘的人物，都面临着各种各样的困境和挑战，但他们通过自身的努力和不懈地追求，最终实现了自我价值和人生价值的提升……"这样的场景是神东线下读书活动的小小缩影。

在当今快速发展的社会中，人们的焦虑和压力越来越大，精神生活和文化素养的需求也越来越强烈，全民阅读是提升职工文化素养的有力抓手。近年来，神东为推进全民阅读，积极打造书香神东品牌，逐步推动形成了爱读书、读好书、善读书的浓厚氛围，实现文化与资源的共建共享，进一步提升了矿区员工及家属的文化素养。

图为文体中心二楼品阅书屋

来源：国能神东煤炭企业文化中心

品阅书屋，便捷阅读新体验

"下面由我为大家介绍一下读书阅览区，我们对原文体中心职工书屋进行了改造升级，现在大家看到的这个区域就是集借阅、分享、自习为一体的品阅书屋，书屋目前有图书近万册。书屋分图书借阅区、儿童阅读区、阅读分享区和休闲阅读区，可以满足矿区职工群众和不同年龄段孩子的阅读需求。智能自助借、还书一体机和自助查阅机，让您借书还书更加方便快捷……"这是在企业文化中心组织的"共读好书·红色骑行伴书香"读书沙龙活动中，主持人为到场的阅读爱好者如此介绍。

图为"共读好书·红色骑行伴书香"读书沙龙活动现场

来源：国能神东煤炭新闻中心

洗选中心哈拉沟选煤厂的贺伟说："品阅书屋的阅读环境让人感觉很放松，书屋里有很多关于提升职业技能的书籍，对自己专业技术提升很有帮助。"职工书屋的便捷性也吸引了小学生读者。矿区学生梁景雯跟着妈妈来到书屋，她说："因为这里离学校比较近，而且开放时间长，很有读书学习的氛围。"

为进一步方便员工阅读，企业文化中心通过"文化神东"微信公众平台，为神东员工量身定制精心打造职工电子书屋平台，职工书屋的所有电子书籍均免费供职工和家属阅读。同时，延伸服务方式，探索"云学习"方式，推出"网络公益微课"和线上学习展览，创新学习方法，让员工群众重视碎片化的学习时间，即时学习，巩固提升，让员工享受"一人一书屋，无处不阅读"的数字阅读新体验。电子书屋上线以来，浏览量近4000万次，阅读时长近500万小时。

主题读书，悦读享智慧人生

"今天我们很荣幸的请到15位书友，来分享他们的阅读体验和个人收获，大家掌声欢迎……"主持人话音未落已掌声四起。

"很荣幸能受邀参加读书分享活动，收获特别多，认识了很多书友，找到了一些同频的人。书友们的分享也让我受益匪浅，同时我们还体验了VR红色骑行，彼此交流沟通读书带来的益处。"书友王敏说。

为浓郁书香文化氛围，企业文化中心依托线上线下书屋开展了"万人悦读季""悦见最美　聆听新声""文化志愿者之声""品读经典·悦享人生""共读党史忆初心 砥砺奋进新征程""共读好书·红色骑行伴书香""圆梦微心愿 书香伴你我""旧书漂流 传递书香"公益赠书等线上线下主题读书活动，职工参与热情高涨。尤其是2022年开展的"讲好神东故事 传承神东精神"主题悦读活动，活动启动以来，公司各单位积极响应，共有58个单位（部门）的4265名员工参与，阅读总积分达227万分。活动分集中学习、巡回宣讲、线上阅读三种形式，"看书+听书"累计时长近10万小时。

"读书活动非常接地气，直接在手机上就可以看到听到自己喜欢的书，零碎时间可以利用起来，既方便又实用。"谈起"品读经典·悦享人生"主题读书活动，哈拉沟煤矿综采一队副队长侯军奇向记者分享了他的感受，"活动开展两个多月来，我先后听读了十多部书。印象最深、启发比较大还是《曾国藩家书》。曾国藩在给兄弟的大量书信中，总结了自己的得意与失落，用自己的经验教育兄弟，特别是曾国藩对于子女的品格教育，直至今日，仍足以作为现代父母教导子女、树立良好家教的绝佳典范。我现在虽然五十多岁了，更应该好好学习现代知识和优秀传统文化，读书学习是一辈子的事情，要活到老学到老！"

设备管理中心的荣广清平时喜欢读书看报。他的学习积分达万分以上。"主题读书活动极大地方便了我们喜欢读书的朋友们，首先是书籍种类齐全、内容丰富，有期刊、图书、报纸、专题等，涵盖了多层次、多领域，可以说应有尽有，极大地满足了大家的读书需求。不但可以看书，还可以听书，缓解了看书对视力的影响，通过语言声情并茂地传输，我们更能了解书中的意境，了解作者的深意。"

"让思绪钻进一本纸质书时所领略的语言之美、文字之力，并非信息浏览和侧耳聆听所能比拟，但对于我这样的上班族来说，在线上听书和读书能够接收更多的知识。"皮带机公司财务科梁海霞说。

读书室，让书香溢满神东

近年来，矿区各单位为丰富员工精神文化生活，也在逐步搭建单位读书角，开展形式多样的读书活动，形成了一系列叫得响、传得开的读书品牌。

书香寸二，矿工的精神园地。寸草塔二矿图书阅览室，依托占地面积300多平方米的文体活动中心，集员工茶室和健身活动室于一体，成为了员工读书健身的好去处。"图书阅览室"报刊、书籍品类丰富，使"图书阅览室"成为开启员工智慧、激发员工创新活力、丰富员工业余文化生活的精神园地。该矿为充分发挥"图书阅览室"的阵地作用，还开展了读书分享会、"我与图书阅览室"主题征文等活动。"矿里新建成的图书阅览室环境太好了，在这里大家不但可以尽情享受到阅读带来的快乐，还可以学习到很多知识。"寸草塔二矿掘锚一队员工辛同昌说。寸草塔二矿图书阅览室在鄂尔多斯市委宣传部、市文明委、市总工会组织开展的"2022年全市第十三届全民阅读、版权宣传和绿书签行动启动仪式"中，被联合授予"书香之家"称号。

深柳读书堂，一起向未来。2020年4月，由设备维修中心团委牵头，维修三厂团总支具体承办的读书活动诞生，并命名"深柳读书堂"。"深柳读书堂"读书活动以"线上+线下"的形式开展。线上，邀请公司内、外部读书爱好者作为领读老师，每月推荐并引导成员共读一本书，全体成员在小程序上打卡分享每日读书心得体会。线下，每季度邀请领读老师在各厂、各车间开展一本或多本书的共读活动，大家一起交流读书心得体会。读书活动就是从这样的基础模式开始，不断丰富活动内容。"非常感谢遇见'深柳读书堂'，让我的精神世界变得丰富起来，感谢领读老师们的精彩分享和小伙伴们的一路相随，一起向未来，我们共同读书打卡学习，继续加油努力！遇见最好的自己！"设备维修中心卢媛媛说。

书香哈矿，阅读滋养心灵。哈拉沟煤矿读书会通过每周开展小型读书分享，每季度举办专题交流会的形式，吸引和培养了大批读书爱好者。同时，积极倡导员工每日读十页书，使员工在学习中为精神"充电"，为思想"补钙"，在润物细无声中，以阅读滋养心灵，增强文化自信。"读书分享不仅是传播知识，更能让我们在交流中学会辩证和思考，古人富有哲理的一句话，可能每个人的理解程度都不一样，有时候，一些看似深奥的语句，通过大家的不同解读会变得通俗易懂，简单而又实用。"书友李树林在听完分享后感慨。

女子读书汇，汇聚向上能量。矿业服务公司工会女工委员会，在广大女工中组织开展了"矿业女子读书汇"活动。通过建立"女子读书汇"微信群，矿业各单位制定本单位详细的"读书周"计划、诵读者及诵读内容，由诵读者按照既定计划在"女子读书汇"微信群里通过多种形式诵读。"汇"即聚合，以类相聚，将每个单位的"读书周"汇集在一起，组成"女子读书汇"，让每一位女职工每天通过读、听这样的方法，学习一篇有智慧有涵养的好文章，培养女工爱读书、读好书、好读书的习惯，培育女职工敢于表达、善于表现、积极向上的精神风貌。

"书香神东"品牌的打造，它不仅为职工提供了一个高品质的文化平台，还有助于增强职工之间的文化交流和理解，促进企业文化的建设和凝聚力的增强。同时，"书香神东"的文化活动也为社会提供了一个免费而有价值的文化平台，促进了文化的普及和发展，为和谐社会作出积极贡献。

撰写人：王文颖

点评

为推进矿区全民阅读，神东始终坚持求实、创新、奋进的理念，做新书香神东品牌，通过建设职工书屋、举办读书会和打造基层书屋等形式，让更多的人能够接触到阅读，使全民阅读形成一种氛围，传承和弘扬中华优秀传统文化，提高员工的文化素养和道德修养，在推动公司高质量发展过程中发挥了积极作用。

流动在一线的文化符号

"要坚持社会主义先进文化前进方向，用社会主义核心价值观凝聚共识、汇聚力量，用优秀文化产品振奋人心、鼓舞士气，用中华优秀传统文化为人民提供丰润的道德滋养，提高精神文明建设水平。"

——习近平

"叮咚，您有一条短消息请查收……"

"'文化神东'又有新推送了！哇！我最喜欢的电影要展映啦……"

"什么？明天有文艺演出，小板凳已备好……"

音乐响起，舞台上的演员们载歌载舞，精彩的节目迎来观众阵阵喝彩……电影展映开始了，观众们坐在座位上，专注地看着屏幕上的画面，身临其境地感受着电影所带来的情感共鸣。

在神东，在矿区一线，一直有这样一群人，将暖心的文艺化成流动的文化符号，调剂着员工的业余文化生活，释放工作压力，找到生活乐趣。多样的文化活动，不仅提高了员工的文化素养，同时也增进了员工之间的交流和沟通，促进了员工之间的团结和协作精神，营造了和谐的企业文化氛围。

文艺演出，煤海的一道彩虹

"晴朗的天空，明媚的阳光，在这美好的日子里，首先送上独舞——吉祥，请欣赏！"随着主持人话音落下，白色的哈达伴随着轻柔的音乐随风飘起……

图为神东煤海"乌兰牧骑"文艺小分队到边远站点慰问演出

来源：国能神东煤炭企业文化中心

在广袤的神东煤海大地上，有这样一支队伍，他们精心创研文艺作品，无惧风雨日夜兼程，以最饱满的状态深情投入，在井口、班前会、百米井下，边远站点，用红色文艺传递价值，点燃员工爱国爱企情怀，用温情暖心的节目传递公司对一线员工的关心和关爱。

神东煤海"乌兰牧骑"文艺小分队，坚持将文艺演出送到一线，节目形式多样，内容丰富，为基层员工繁忙的工作生活带去了无限欢乐。2018年以来，文艺小分队到基层演出近百场次，用流动的文化符号，传递"文化聚力 共创共惠"的文化价值。

歌舞《与安全同行》、舞蹈《煤海上的草原》、笛子独奏《盖那笛大鱼》、歌曲《蓝色的蒙古高原》《红尘来去一场梦》，表演者舞姿或曼妙灵动，或热情奔放；笛声悠扬婉转、深情动听；歌声时而婉转动人，时而激情澎湃……"今天晚上欣赏了文艺小分队带来的文艺表演，心情特别放松，尤其是有奖互动环节，大家都参与起来了，挺热闹，感觉特别开心！"布尔台煤矿掘锚一队员工杨鑫说。

文化惠民

083

上湾煤矿员工王云申说，"好看的文艺演出，精彩的互动游戏，形式新颖，内容丰富，让我们一线员工足不出户就能享受到丰盛的文化'大餐'，确实温暖到了我们。"矿业服务公司员工徐颖说，"精彩的文艺演出和有奖互动给后勤人带来了一场丰富的文化大餐，让大家在忙碌的服务工作中感受到文化带来的欢快和幸福，希望能多组织类似的活动，更好地激发后勤人的服务干劲。"

高质量的文艺节目，不仅为广大职工带去了精神上的慰藉和享受，更是凝结了专业队伍和各单位文体爱好者的心血。文艺小分队专业队伍深入一线，下基层体验职工生活，进行文艺采风创作，汲取"造血"养分，了解基层一线的生产生活情况，把握群众的文化需求和心理状态，创作出符合一线群众口味和需要的文艺作品；对基层文艺爱好者进行创作帮扶，这种合作形式可以让专业的文艺工作者与基层文艺爱好者相互借鉴、相互启发，共同创研出更多有温度、有筋骨、有生命力的文艺作品。

电影展映，连接心的桥梁

"我和我的祖国，一刻也不能分割，无论我走到哪里，都流出一首赞歌！我歌唱每一座高山，我歌唱每一条河……"随着电影的结束，耳边再次传来那熟悉而又动人的旋律。这场为新中国成立70周年华诞献礼的电影《我和我的祖国》，让人们回到了那个充满激情和理想的奋斗年代，感受到祖国的崛起和繁荣。

电影展映，是流动文化符号的又一亮点。举旗帜、聚民心、育新人、兴文化、展形象，"光影随行"文化惠民公益电影下基层活动，极大丰富了一线员工的业余文化生活。特别是在2020年，因文体中心主楼改造，加之新冠疫情影响，企业文化中心电影放映由室内转为室外，主要以"流动放映+集中放映"的形式进行。文体中心游泳馆门前集中放映点，每天时间一到就座无虚席，热闹非凡。流动放映除零星放映外，还开展了"'一路有你 温暖相伴'企业文化基层行·电影展映"两个主题活动，送文化文艺到一线，丰富广大员工群众的精神文化生活。

每一次的流动展映都不是一件易事。从一开始工作人员便成立了活动小组，任务分工明确，协作默契。为保证活动的顺利进行，工作人员更是在活动前对所有设备进行了仔细检查和调试，确保所有设备能够正常工作。放映计划也是经过了深思熟虑的制定，只为给观众提供最好的观影体验。

最令人动容的莫过于深入供电中心偏远站点放映的公益电影。放映组人员深入榆家梁35千伏2号箱变电站、补连塔北风井35千伏变电站，为分别守护在那里的两对职工夫妻送去了一场别样、感人的文化大餐。"听说来放电影后，我首先就选了《百团大战》，这部电影我只在电视上看过"，樊会侠看着荧屏上的字幕有些激动。两个人的专场电影，为偏远地区的员工带去了一点欢乐，让他们感受到了实实在在的温暖。

图为工作人员到供电中心偏远站点放映公益电影

来源：国能神东煤炭企业文化中心

无论是两个人的专场电影，还是一群人的电影，这背后，都离不开放映工作组人员的默默付出。企业文化中心影视部工作人员风雨无阻，每次放映完毕收拾设备、装箱返程时都已到深夜，可工作人员从来没有怨言，一如既往深入一线，兢兢业业地进行着放映工作。工作人员的敬业精神深深地感染着每一个观众，让人们感受到了他们对电影放映工作的热爱和专注。

文化惠民

文化调研，您的需求我知道

"您对神东文化服务供给的总体评价是什么？"

"您认为神东的文化服务发挥了什么积极作用？"

"您对我们现阶段提供的文化服务是否满意？"

您的需求，我们记在心上。

企业文化中心调研小组深入一线，与基层干部和员工面对面交流，通过问卷调查、座谈会和现场观察等多种方式，详细了解员工对企业文化建设的认知和需求，掌握企业文化建设的现状和问题，收集员工的意见和建议。在每一次的座谈会上，企业文化中心的工作人员与各部门负责人进行深入交流和探讨，听取他们对企业文化建设的期望和建议。随着调研活动的深入，调研小组会逐步制定个性化的文化服务计划，根据不同单位的需求，提供了一系列的文化培训建议，包括企业文化宣传、团队建设、创新思维等多个方面，旨在提高员工的文化素质和综合素质。

健身指导，奏响跳跃音符

"下面我宣布，获得第一名的队伍是：蓝队！第二名是……"

"耶，我们赢了……"

"团结协作就是力量！"

随着主持人比赛结果的宣布，掌声和欢呼声四起，团队成员们欢呼雀跃，互相拥抱庆祝，为刚刚那个追求卓越的自己和团队兴奋不已，现场气氛十分热烈。

以团建趣味游戏为基础的健身指导，绝对是流动的文化符号中那个最跳跃的音符！在补连塔煤矿，来自各基层区队的团员青年，在专业老师的指导带动下，畅玩多种团建文化趣味游戏。在简短的健身操预热后，参与者被随机划分为蓝、橙、粉、绿四个团队，先后体验了"贪吃蛇"、运球上篮接力、蒙眼方阵、齐心夺宝等七个游戏项目。大家在欢声笑语和浓厚的节日氛围中接受团队素质教育，培养了团队协作精神，助力矿井在国庆中秋双节期间安全高效生产。

图为"企业文化基层行"系列活动之"团建文化服务"走进补连塔煤矿

来源：国能神东煤炭补连塔煤矿

"神东人的安全梦也是伟大中国梦的有机组成部分，公司的企业文化基层行系列活动实现了文化引领青年、凝聚青年，助力画好最大同心圆，共筑伟大中国梦。"作为活动的参与者，补连塔煤矿综采二队党支部副书记范文胜说。

流动在一线的文化符号，为基层一线职工带来丰富多彩的文化大餐，满足他们的文化需求，增强了基层一线群众的文化自信心。在与一线文化交流的过程中，不断推动文化创新，让文化符号具有更丰富的内涵和更生动的表现形式，为神东的企业文化发展注入源源不断的创新活力。

撰写人：王文颖

点评

神东不断丰富文化载体，通过文艺演出、电影展演、文化调研和健身指导等方式，将文化送到一线，为矿区员工和群众提供了精准有效的文化产品和服务，用文化凝聚人心，切实提升了员工和群众的幸福感获得感安全感。

"场馆+" 让运动健身成为新时尚

> "要紧紧围绕满足人民群众需求，统筹建设全民健身场地设施，构建更高水平的全民健身公共服务体系。要推动健康关口前移，建立体育和卫生健康等部门协同、全社会共同参与的运动促进健康新模式。"

> ——习近平

"走，游泳去！"这是神东IT小哥王清科每天下班后的常态生活。对王清科来说，游泳不仅仅是因为喜欢，更是一种对生活的热爱和享受。

近年来，随着人们生活水平的不断提高，越来越多的人追求更有品质的生活，健康观念的转变，让锻炼、健身成为新风尚。为让更多像王清科一样的矿区员工和家属加入运动打卡的队伍，让运动体验成为生活的一部分，企业文化中心依托所属上湾文体馆、李家畔文体馆及即将投入运营的上湾民泰馆等各具功能和特色的专业化文体活动场馆，创新采用"场馆+培训""场馆+活动""场馆+服务"的形式，引导需求，让场馆"活"起来，让大家在每一次的活动体验中都能放松心情，愉悦身心，享受生活的美好。通过引导需求，2018年以来，所辖场馆年入馆人次达到10万人左右，积极营造了"我运动 我健康"的文化氛围。

场馆+培训，充实的第二课堂

"准备好了吗？"只听教练一声哨响，学员纷纷跳入水中……

"注意呼吸，保持节奏！臂划水的幅度要大一些，腿部要用力踢，加快速度……"

在每周二的游泳培训日，泳池里浪花翻腾，教练在池边实时进行动作指导，学员们在水中自如地游动，就像一群自由自在的鱼儿，享受游泳带来的快乐和健康。学员们的矫健身姿和出色的游泳技巧让人们感受到了游泳的魅力和乐趣，也让人们对健康生活充满了信心和动力。

　　文化惠民暖心清单·文体场馆"培训日"在李家畔文体馆、上湾文体馆、南区活动中心三个场馆同步进行，一经推出就迅速吸引了近1000人参与预约报名。这项依托文体场馆开展的培训活动切实满足了员工多样化的文化需求，得到了员工们的普遍赞誉和热烈反响。员工们可自由选择自己感兴趣的培训项目和内容，充分发挥主动性和创造力。一些员工选择了音乐、书法、剪纸等艺术类培训项目，不仅提高了自己的艺术修养，还能够放松身心，缓解工作压力；另一些员工选择游泳、健身、瑜伽等体育类培训项目，通过锻炼身体，增强了自己的体质和健康素养。

图为"文化惠民暖心清单·文体场馆'培训日'"乒乓球培训现场

来源：国能神东煤炭企业文化中心

　　瞧！在李家畔文体馆内的乒乓球活动室里，学员们正聚精会神地学习和练习着乒乓球技巧。专业老师将培训分为零基础学习和技能提升两个内容。学员们认真听着老师的讲解，仔细模仿着动作，整齐划一地挥拍，步调一致地闪展腾挪。他们的脸上洋溢着喜悦，汗水浸透了他们的衣服，但他们仍然充满热情和活力。学员们不仅学到了乒乓球技巧，还锻炼了身体、培养了团队合作精神。活动中，老师们非常耐心地教导和指导学员们，让每个人都能够感受到学习的快乐和成就感。

　　"培训日活动特别好，对我们这些文体爱好者来说，是真正的福利。这个活动不仅满足了学员个性化的文体需求，还促进了员工之间的交流和互动，增强了大家的凝聚力和向心力。"大量的好评和反响，也让人们感受到了企业对提升员工幸福指数的关注和支持。

场馆+活动，业余生活乐趣多

随着律动的音乐响起，健身操舞的活动开始了。

"一二三四、二二三四，跟上节奏，大家一起来！"

"动作要放松，舞步要轻盈！"

"注意呼吸，不要憋气！"

"手臂要伸直，腰部要用力！"

教练员挥舞着手臂，大声呼喊着。随着教练员的指挥，大家按照节奏跳起了健身操，舞步轻盈，动作流畅，全身的每个关节都得到了充分的舒展和运动。参与者充满热情和活力，享受着运动的乐趣。

"今天是挑战赛的第一天，你们准备好了吗？"主持人的声音在现场响起，引来了热烈的掌声和欢呼声。

"准备好了！"参赛选手回答。第一个挑战项目是俯卧撑。场上一片忙碌，参赛选手们在裁判的指令下开始挑战。有的选手手臂力量十足，一下子就能完成十几个俯卧撑，而有些选手则需要花费更多的时间和努力，才能完成规定的次数。

"加油！你可以的！"现场的观众们不断为选手们加油鼓劲，为他们打气。

"哎呀，我太累了！"一名参赛选手喘着气，有些疲惫地说。

"别放弃，再坚持一下！"旁边的选手鼓励道，"我们一起来完成这个挑战吧！"在场的观众们也纷纷为这些勇敢的参赛选手喝彩，为他们的毅力和坚持点赞。除了俯卧撑，还有跳绳等体能类项目，羽毛球、排球等球类项目，共计16个项目，20个组别。活动形式分线上初赛和线下决赛，共设置参与奖、入围奖、运动达人奖3类奖项。不同的项目需要不同的技巧和体能，每个选手都在自己的领域里尽情发挥着自己的实力。随着挑战赛的进行，参赛选手们的热情和斗志愈发高涨。他们在场上尽情释放着自己的能量和活力，展现出了运动的魅力和自信。

图为健康中国我行动·运动达人挑战赛现场

来源：国能神东煤炭企业文化中心

运动达人挑战赛是场馆活动的又一个亮点，不仅为职工们提供了一个展示自己体育才华和促进身体健康的平台，也为企业落实健康中国战略、提高职工幸福指数和健康水平做出了积极贡献。通过挑战赛，让职工们在工作之余能够参与运动，释放自己的压力和疲惫，让身体得到充分的锻炼和舒展。

"虽然比赛结束了，但是我们的健身之路才刚刚开始！我们会继续坚持锻炼，保持健康的生活方式！这次挑战赛真是太棒了，我已经迫不及待地等待下一次了！"一名参赛选手满怀期待地说。"是啊，我们都会继续努力，争取在下一次挑战中取得更好的成绩！"另一名选手充满信心地说。

在健康中国的大战略下，公司工会携手企业文化中心积极推动全民健身运动的普及和发展，为职工们提供更多的健身活动和服务，让健康成为每个人的生活方式和习惯。

场馆+服务，打造舒适活动空间

"最近去文体中心的场馆活动感觉怎么样啊？"

"感觉非常不错，现在场馆管理智能化了，可以用人脸识别直接入馆，还可以在线上预约场馆服务，随时查询场馆使用情况，非常方便。"

"是吗，这也太方便了！那场馆的服务质量如何？"

"非常好，现在引入了一批专业化的健身教练，让每个人都能得到适合自己的训练方案和指导，提高健身效果。"

图为上湾文体馆—游泳馆

来源：国能神东煤炭企业文化中心

随着信息技术的不断发展，智慧化服务已经成为现代场馆管理的重要手段。企业文化中心所辖文体场馆在管理上不断创新，在实现入馆人员人脸精准识别基础上，推出精准场馆导视系统应用，积极打造4D场馆管理，实现了活动场馆的安全管理信息化、活动场馆的智能信息化、活动场馆的数据信息化，极大提升了职工群众入馆体验度。同步提供更加专业化的教练指导和服务，以满足职工群众对于健身、休闲、文化等多元化需求。

专业化的教练指导也是企业文化中心场馆服务的重要特色之一。引入专业化的健身教练，对于职工群众来说，可以获得更为个性化、专业化的健身指导，不仅提高了健身效果，也提高了场馆服务的质量和竞争力。

后期，企业文化中心将持续创新"场馆+"服务方式，通过文体场馆和惠民活动的互融互促，进一步盘活文体活动生态链，让职工群众享受更美好更惬意的健康生活。

撰写人：王文颖

点评

"场馆+"模式提高了场馆利用率，提升了场馆的社会价值和影响力，同时为员工创造了工余锻炼的活动场所，不仅推动了矿区全民健身，还有助于企业树立良好的社会形象，增强企业的社会责任感和公益意识，为企业的可持续发展打下良好基础。

神东春晚　值得期待的矿区年味

《元日》

爆竹声中一岁除，春风送暖入屠苏。

千门万户曈曈日，总把新桃换旧符。

——宋·王安石

"听说今年的神东春晚，由员工及家属自编、自导、自演，准备了很多文艺作品，包括歌曲、舞蹈、小品等等，肯定特别精彩！"

"哈哈哈，我特别期待小品，去年的小品真的太好笑了，希望今年也能有同样的水平。"

"我比较期待情景剧，听说他们选取了一些公司的真实故事作为创作题材，让我们更能感受到公司的文化氛围。"

一年一度的神东春晚，早已成为神东人的一道重要文化盛宴，就像年夜饭一样，不仅是联结亲情的平台，也是凝聚主流价值观的最好呈现。神东春晚由公司党委办公室主办，企业文化中心和新闻中心协办，广大员工及家属自编、自导、自演，通过歌曲、舞蹈、诗歌、小品、情景剧等多种艺术形式，呈现出在公司党委的坚强领导下，全体神东人自信自强、守正创新，踔厉奋发、勇毅前行的良好精神风貌。它不仅丰富了矿区员工群众的精神文化生活，营造了欢乐祥和的节日氛围，更打造了煤海"乌兰牧骑"文化品牌，传播了社会主义核心价值观，激励着广大干部员工强化使命担当，持续接力奋进。

热情参与，"神东精神"展新风——文艺作品征集

"你看到通知了吗？神东春晚节目征集开始了！"

"今年你们准备报送什么节目？"

"我们想在去年节目的基础上进行创新，把身边的人和事搬到荧幕上……"

"我们精心排练了大型舞蹈，希望能通过评选，这样就能在春晚上展示了，好兴奋！"

神东春晚，一直以来都受到了广大职工和家属的热烈关注和积极参与。节目征集也是如此，大家都非常期待能够在晚会上展示自己的才艺和创意，参与者都希望通过创新和努力，呈现出一些既有内涵又接地气的节目。这样的节目不仅能够展现职工群众幸福美好的工作和生活状态，还可以传递健康快乐、积极向上的精神风貌，唱响主旋律、弘扬正能量。

节目征集对主题和内容都有一定要求，给参与者也带来了一定的挑战。首先要围绕春节欢乐祥和的主题，内容健康、积极向上、富有创新，具有较高的艺术水平，格调高雅、健康向上。这样的要求体现了主办方对于节目质量和内容的高标准和要求，也能够保证节目在晚会上的表现效果和影响力。此外，对于参与者来说，要想报送一份优秀的节目，需要充分发挥自己的创意和才能，同时也需要认真准备和精心排练。只有这样，才能在晚会上展现出最佳的表现，得到观众和评审的认可。

神东春晚节目征集的参与范围非常广泛，公司各单位、矿区各协会都可以报送文艺节目及原创文艺作品，参与人员包括神东职工（含离退休）及家属、子女、矿区各协会会员，甚至矿区周边的文艺爱好者也可以通过矿区各协会参与此次活动。这种开放性的参与方式，不仅可以促进文艺活动的多样性和创新性，还可以增强参与者之间的交流和沟通。

匠心筹备，温暖呈现——春晚幕后故事

在神东春晚筹备中，主创人员从晚会主题的确定、节目编排、后期制作到场地准备，每一项都需要耗费大量的心力，精心筹划细心准备。譬如2021年春晚，受疫情影响，改为网络春晚，这也是神东首次网络春晚。"神东煤海正发声"直播号通过新华社现场云平台进行了全程直播，总点击量超15万！在精准防疫的特殊时期，在

生产保供的关键时刻，一场近300名演职人员的文艺汇演里，串联了太多温暖感动的故事……

图为2021年神东春晚节目《神东精神代代传》

来源：国能神东煤炭新闻中心

"今年春晚的主题，大家有什么想法？"

"我觉得可以结合今年的重点工作，体现比如抗疫保供、脱贫攻坚等核心元素……"

"科技创新的元素也可以加进去，今年咱们神东在科技创新工作上有非常亮眼的成绩，这个一定要体现出来，不仅提升神东人的文化自信，还具有激励作用……"

主题确定，凝结了春晚筹备组的心血。"今年春晚要体现新时代新气象，要弘扬'乌兰牧骑'精神，把神东人砥砺奋进、朝气蓬勃的精气神展现出来。"在春晚组织筹备会上，公司党委办公室（党建工作部、宣传部、统战部）主任高会武为2021年神东春晚统筹部署。"企业文化中心作为主办单位之一，我们要立足企业文化宣贯践行职责定位，聚焦企业发展战略，聚焦员工群众文化需求，充分发挥专业优势，在节目编排、场地布置、设备调试、疫情防控等环节工作上组织好，落实好，要通过一场主题汇演，为矿区员工群众送去温暖关怀的同时，更好地展现员工的精神面貌，进一步激发接续奋进的精神力量。"企业文化中心主任韩浩波针对春晚组织精准安排。

"我觉得可以把这个大型歌舞，放在小品的后面，语言类节目正好让大家放松了心情，也调动了情绪，歌舞可以很好让这种情绪释放，达到比较好的现场效果……"

"时长还需要控制，节目的节奏还需要再紧凑一些，每个节目的衔接上我们努力做到流畅……"

节目编排更是一个艰难的过程。明确了主题，节目的甄选、提升、编排是整场晚会的关键。"一场演出，不是简单地跳几个舞，唱几首歌，演几个小品。我们要让每一个文艺作品都成为精品，要有筋骨、有温度、有生命力，能讲好神东故事，传播神东好声音。我们在各单位报送的64个节目中，首先甄选了14个有代表性的节目，进行整体打造提升，加之中心还有自己的节目要编排，时间紧，任务重，压力特别大。"作为春晚总导演，谈起节目编排经历，企业文化中心文艺部主任李晓光由衷地感叹。

语言类节目既是晚会的一大看点，也是编创人员付出辛苦最多的精品节目。"石圪台煤矿选送的小品节目《就地过年》，为让观演者真切体会自己就地过年、奋战生产一线的价值和意义，从主题到剧情，前后历经12次改动。参演人员均为一线员工，一边演一边改，一个动作、一个表情地细抠。"谈到语言类节目的编创和排演，文艺部员工崔淑杰满心感慨。"看到大家都这么努力，我再累也觉得值！"在节目编排阶段，笔者不止一次听到这样的话语。让演员在舞台上完美演绎，让作品承载价值和梦想，让观众引起共鸣和参与感，相信这是文艺工作者克服一切困难，悉心创编的最大动力。

"环保节目的背景，在色调上还可以调得更清新一些，和节目的主旨也更加匹配……"

"这个地方的背景切换，需要加一个过渡效果，这样不会过于突兀或影响节目的整体效果……"

视频制作也同样是重中之重，好的节目离不开好的背景视频作烘托。春晚节目背景视频均由新闻中心和企业文化中心分工制作完成。视频整体要跟晚会主题契合，跟节目内容契合，充分营造出欢乐、幸福、祥和的新年气氛，还要起到振奋人心、催人奋进的效果，对视频制作人员是不小的考验。

"在这些节目中，比较难的是《快乐宝贝》《苏幕遮》《父母恩》这三个节目的背景创作。尤其是《苏幕遮》，因为是完全中国古风类型的二重唱，为了达到演出效果，整个节目背景选择了大篇幅的水墨山水和古代工笔画面，配合艺术性的歌词文字，使用的零散素材多达300多个，特效手段复杂，制作难度较大，是最费时的一个，整个背景用了5天时间，效果挺不错。每次对着电脑屏幕，我的眼睛都有强烈的刺痛感，但是再疼也要坚持！"负责其中8个节目背景视频制作的企业文化中心员工张瑞杰，谈到自己的制作历程，言语中不乏疲惫，但更多的是透着一股自信和力量。

晚会录制，也是保证晚会呈现效果的关键一环，对沟通协调提出了极高的要求。即便受疫情影响，神东春晚及时调整为节前线上播出，准时出现在职工群众眼前，形式改变，但质量不减、氛围不减。企业文化中心和新闻中心相关人员及时就录播时间、录播场地及时沟通，分工协作，紧锣密鼓筹备录制工作。"为确保录制效果，我们提前两天开始节目对光，协调每个节目的化妆时间。开场舞《盛世欢歌》，传统文化类节目《粉墨奇缘》演员均有40多名，对追光和调光都增加了难度。正式录制阶段，新闻中心各部门10余人配合录制，每个节目至少录两遍，最多的一个节目录制了六遍，连着四天，所有工作人员都是忙到近凌晨才休息，但是大家都相互配合得很好，按照既定时间完成了录制工作。"总导演李晓光自豪地说道。

我的春晚，我来评——看看神东人怎么说

神东春晚一经展演，受到了各界的强烈反响，无论是观众还是参与者，对晚会的匠心制作赞扬不止，并从文艺作品中感受到了神东的精神内核。

图为春晚节目《神东大舞台》表演者合影

来源：国能神东煤炭新闻中心

对于观众来说，春晚不仅是一次文艺盛宴，也是与家人和朋友一起欢度佳节的机会。观众会根据春晚的节目质量和内容来评价晚会是否符合他们的期望和需求，以及是否能够在节目中体验到欢乐、感动、思考和启示，这也是评价一场晚会的标准之一。

来自矿业服务公司的藏族女孩扎西措说："我是2020年新入企的大学生，很感恩能到神东工作，很荣幸能参加今年神东春晚节目的录制，这是我来到神东最难忘的一件事。今年是我第一次不能回家过年，但是身边有这么多的哥哥姐姐陪着，我觉得很幸福，我以后会在自己的岗位上多努力，为公司做更多的贡献。"

石圪台煤矿智能运维队员工王宝说："我参加了小品《就地过年》，情景剧《神东精神代代传》《新时代煤海英雄》3个节目的录制。尤其是《就地过年》，大家利用下班时间，连续几个晚上讨论剧本至凌晨，在有限的时间和场地，加班加点排练。虽然苦，但大家用表演的方式传递着自己对生活的热爱，为矿区过年的员工家属送去温暖，我感觉特别有价值。"

大柳塔煤矿运转一队张永峰女儿张惠说："我是第三次参加神东春晚演出了，特别开心。今年参加了开场舞《盛世欢歌》录制，我会好好表现，让爸爸妈妈还有身边的叔叔阿姨，都能在电视上看到我的表演，为我点赞！"

春满神东，伴你温暖过大年！神东春晚，一个有筋骨、有温度、有力量的舞台，一个让人欢乐、期待和惊喜的舞台，正在绽放绚丽的光彩……

撰写人：王文颖　王玉丽

点评

神东春晚的顺利组织凝聚着工作人员和表演人员的心血，展现了神东人顽强拼搏、坚守岗位、无私奉献的爱国爱企精神。神东春晚也是一次文化传承和传播的机会，更是一次凝聚社会力量和促进文化交流的机会，对于提升文化自信、传播中华文化、塑造良好社会风尚等方面都具有重要的意义和价值。

不仅是"黄金矿工" 还是"体育健将"

"运动是最好的医生，运动是最好的储蓄。"

—— （英国）莎士比亚

古人云："善养生者，上养神智、中养形态、下养筋骨"。一直以来，煤矿从业人员经常需要在高温和嘈杂的环境中工作，在采煤过程中易患上煤矿职业病。如果不加以预防和控制，这些问题将会给煤矿工人及其家人带来严重的健康风险和负担，保持身体健康对煤矿工人来说尤为重要。进行适当的运动健身可以帮助减轻压力和疲劳，增强身体的免疫力和代谢功能，同时还可以提高工作效率，是保持健康和生产力的重要因素之一。

图为哈拉沟煤矿文体联合会成立大会

来源：国能神东煤炭哈拉沟煤矿

"健康就是生产力"。为积极响应和落实全民健身国家战略，统筹建设全民健身场地设施，构建更高水平的全民健身公共服务体系，2018年，哈拉沟煤矿文体联合会应运而生。联合会下设12个专业协会，倡导"每位员工一个兴趣爱好"，通过常态化开展丰富多彩的文体娱乐活动，营造"轻松工作，快乐生活"的氛围，不断提升全体员工的获得感、幸福感和安全感。

"舞动青春"，筑梦煤海点燃激情

36岁的陈永亮是哈拉沟煤矿的"运动达人"。2009年陈永亮刚一毕业就加入神东这个大家庭，立志扎根煤海，奉献青春。热爱锻炼的他，每天利用业余时间去体育场跑步健身，在他的带动影响下，身边的好多同事加入到跑步健身中来，2018年陈永亮成为健身协会会长，在哈拉沟煤矿掀起一股全民健身热潮。

图为健身协会成员在神东"庆祝新中国成立70周年"健身操比赛现场

2019年神东首届健身操比赛拉开帷幕，矿里决定由健身协会负责组建健身操队参加此次比赛。队伍成立之初，挑选参赛队员就遇到了"无人可用"的局面。起初前来咨询报名的职工和家属人数不少，但大多数人没有舞蹈基础，一听说要参加公司的比赛，很多人打消了主动参与报名的念头，几天下来，真正报名的人寥寥无几。火车跑得快，全靠车头带。解决组建健身操队面临的困境和各类问题，需要一个有耐心、热情高、负责任的人来给这个集体提振精神，凝聚力量。在大家一致推荐下，陈永亮挑起了这个重担。经过多方协调和沟通，最终组建了一支由12名职工和家属组成的混编队伍，这支队伍有刚毕业的大学生，也有年近退休的老同志，很多人缺乏舞蹈基础，为满足参赛要求，集训必不可少。

为了全力备战，陈永亮总是第一个来到训练场，提前准备好所有需要的物品，组织人员进行训练。在训练间隙，他思考着如何更好地为团队做好准备、选购参赛服和对接参赛事宜等工作。考虑到大家日常工作忙、舞蹈基础差，除了利用业余时间完成训练，他将集中训练成套动作录成视频，让队员一有时间就对照练习，然后再集中排练进行纠错，就这样一组动作一个时间周期地反复训练，直到大家都能熟练完成整套动作表演为止。他的努力没有白费，赛程临近，队伍成功地完成了所有训练任务。就这样，一支年龄、身高和舞蹈基础不占任何优势的健身操队，顺利参加了比赛，表现出超预期水平，赢得了尊重和赞赏，当听到评委宣布比赛成绩后，大家热泪迎面，相拥庆贺。辛勤耕耘结硕果。在大家的辛勤努力下，2019年、2022年，这支队伍分别荣获公司健身操比赛二等奖、一等奖。

"校园文化"，点燃青春之梦

在许多人印象中，煤矿工作就三个字：脏、累、忙。在康建伟进入煤矿之前，也是这样的想法。作为刚入职一年的大学生，康建伟已经做好了当"黄金矿工"的准备，但是当他真正成为其中的一员，才知道原来煤矿工作不仅仅是挖煤，在这里工作还可以这么玩！

"小康，今天去拍两板不？"同事们吃饭时轻松问道。

康建伟没想到在工作后还能听到如此熟悉的问话。煤矿的工作虽然劳累辛苦，下班之后的业余生活却非常丰富。在这里各种运动协会比比皆是，比如篮球、足球，乒乓球等；如果不喜欢运动，也还有其他协会，诸如音乐协会和读书协会，种类繁多，任君挑选。

康建伟心仪的是乒乓球，于是加入了乒乓球协会，每天下班之后都会来练两手，和同事切磋切磋，放松身心。煤矿也非常贴心地请了乒乓球教练，让员工可以进行系统的专业学习。同时康建伟积极带动伙伴一起运动，在他的"吆喝"下，乒乓协会的人越来越多，除了"老前辈"，还有"小年轻"，许多新入企大学生都喜欢跟着他一起参与各项活动。下班训练时，考虑到成员基础差异，还会针对性分类对战，控制运动时长和运动强度，把工作和锻炼结合起来。

每周的读书分享活动也让康建伟受益颇多。从前，他总以为工作之后肯定就不会再碰书本，但是参加读书分享活动之后才意识到"学到老活到老"的重要性，只有先学习理论知识，才能引导正确指导专业的工作。丝丝书香，透露着对生活的感悟；方正汉字，蕴含了无尽柔情。工作一年以来，康建伟不仅身体变得更加健康，精神世界也得到了升华。

在哈拉沟煤矿看来，矿工兄弟不仅是"黄金矿工"，还是"体育健将""阅读达人"。在哈拉沟煤矿，这里的企业文化和人情关怀冲淡了工作的苦涩，成就感和幸福感随之发芽，在煤矿工作，并不代表从此踏上了挖煤的"不归路"。哈拉沟煤矿文体协会就像一束温暖的阳光，抚慰了煤矿工人疲惫的身心，照亮了前进的路，也激发起大家对这片土地的深沉热爱。

撰写人：蔚高升　王连生　赵博　陈永亮　康建伟

点评

一直以来，神东关注一线职工的工作和生活健康状况，依托基层文体协会，帮助职工发现自身特长并发展业余爱好。通过举办丰富多彩的文体活动，促进职工之间的沟通和交流，在锻炼了身体的同时，精神也得到极大满足，让矿区生活摆脱了枯燥乏味，笑声溢满整个神东。

健康神东　您身边的健康专家

"共筑职工健康长城，提升职工生活品质，为推进健康中国建设、全面建设社会主义现代化强国不懈奋斗。"

——全国职工健康促进工程首届年会

健康是民生问题，事关公司发展大局。一直以来，神东高度重视员工的身体健康和生命安全，始终将"以人为本"作为经营理念，注重对员工的身心健康进行保障，建立了完善的安全生产管理体系，并通过规范化管理、安全防护等措施，有效降低工作伤害和职业病的发生，从源头守护职工健康；同时加强了职业卫生管理，积极开展职业病防治知识宣传和培训，致力于打造一个安全、健康、和谐的工作环境，为员工的身体和心理健康保驾护航，为企业的可持续发展做出贡献。

防护先行——从"0"开始抓健康

"你听说了吗？公司在生产现场安装了两套洗眼器！"

"太好了，眼睛对我们来说太重要了，公司想得真周到啊！这样减少了眼部疾病的发生率，真的是从源头控制啊！"

"不只这些，你最近有没有发现生产系统内粉尘小了很多？"

"是啊，这次防尘口罩滤芯都用了好几天了……"

洗选中心上湾选煤厂生产车间会议室门口，两名员工边走边议论道。

构建健康的工作环境，对于员工的身心健康和企业的可持续发展具有重要意义。健康的工作环境不仅能够让员工身心愉悦，工作状态良好，提高工作效率，更重要的是从源头降低员工的疾病风险和减少生产事故的发生。神东通过规范化管理、安全防护等措施，有效降低工作伤害和职业病的发生，保障员工的身体健康和生命安全，体现了企业的"人文关怀"。

以洗选中心补连塔选煤厂为例，通过启用一套无动力除尘系统，运用空气动力学原理，采用胶带机加装边部裙边、粉尘滤布和尾部裙边方式实现胶带机落料点的粉尘治理，从而实现封尘、抑尘效果。胶带输送机是目前选煤厂最常用的一种物料运输设备，用于物料的转载或运输。因设备运输中的振动及设备间转载存在落差而扬尘较大，使作业环境粉尘超标，严重影响作业人员的身体健康。无动力除尘系统的工作原理是通过将导料槽、密闭扩容回流系统导回到落煤系统中以及利用橡皮条加上挡帘来减少粉尘，巧妙地采用压力平衡和闭环流通方式，可以最大程度地把粉尘空气的压力降到最低，从而达到有效除尘的效果。

"气流除尘系统在该厂的应用效果非常好，它不仅解决了胶带机在运行中产生的问题，还延长了胶带机带面的使用寿命，大大降低了生产成本，减少了员工的劳动强度。最主要的是它不需要动力，无噪音，绿色环保，真的是一举多得。"洗选中心补连塔选煤厂原煤车间主任金保文说。

"我们的工作环境更舒适清新了，心情也更舒畅了，干劲倍增。"该厂检修工陈敏高兴地说。

"有了这些健康防护设备，我们家属更加放心了，神东，值得托付！"一位职工家属脸上洋溢着幸福的笑容说道。

健康宣讲——打响守护第"1"站

"今天的健康公益课你听了吗？原来我一直的饮食习惯是错的，让我好吃惊啊！怪不得我的血脂一直很高降不下来……"

"我也是，在营养上我也没有注意科学性，今天听了专家讲座，受益匪浅，我要马上把我家的食谱改了，而且要配合适度的身体锻炼，让自己每天更有活力，我现在就制定一个健康计划……"

要说环保设备的启用是守护职工健康的第一道屏障，那么帮助职工树立健康意识，就是健康守护的第一站。在加强环保设备的投入使用，提高生产环境质量的同时，神东也意识到帮助职工树立健康意识。为此，开展了一系列健康理念宣讲活动。例如，组织健康公益知识讲座，邀请专业医生、营养师等专家到厂区进行健康讲座，向员工普及健康知识，分享健康生活方式，引导员工关注身体健康，增强健康意识和行为习惯。此外，通过《健康神东》栏目中，定期发布各种健康资讯和健康科普文章，为员工提供健康知识和建议。

《健康神东》栏目是神东宣传健康理念的又一有力途径，是神东工会工作部与大柳塔试验区人民医院以及新闻中心联合推出的一档综合类电视栏目。旨在以职工健康前期宣教指导，来解决职工医疗健康问题，助力公司实现医疗惠民项目的落地。栏目以"传递健康知识，引导健康生活，树立健康理念"为口号，内容涵盖《无偿献血 无上光荣》《远离"四高"之高血糖》《关爱母婴健康 感受温暖阳光》《健康体检知多少》《关注口腔健康，我们在行动》《坚持锻炼 保持健康》等专题内容，深受职工及其家属喜爱。

"我最喜欢职业病防护这一期，讲得非常实用。只有树立了健康防护的意识，一切健康举措才能起作用，没有这个'1'，后面跟着多少个'0'都没有用，所以还是要从自己抓起，要做自己健康的第一责任人！"一位参加完健康知识讲座的职工说道。

"每次听讲座，我都会拿小本本记下来，按照专家的建议一步一步去做，守护家人健康，做好后勤工作，虽然平凡却有意义，为了家人健康，一切都值得。"一位职工家属说道。

职业病防治——从"1"到"2"，做个行动派

"在井下佩戴好防护口罩、护目镜……"在补连塔煤矿井口，家属协管员们为即将下井的矿工们递去了矿里自制的职业健康手册，并送上健康的嘱托。在第20个《职业病防治法》宣传周里，神东各单位以不同的形式、以行之有效的宣传举措，纷纷开展《职业病防治法》宣传活动，普及推广职业健康知识，落实职业病防治主体责任，为建设健康企业筑牢基石。

图为神东职业病防治之大柳塔煤矿家属协管会"全员知血压"活动推进会
来源：国能神东煤炭新闻中心

"全员知晓血压"活动是公司工会2020年组织实施的"我为神东安全作贡献"家属协管安全工作提升竞赛活动的重要内容之一，首批选取了23家生产一线和辅助单位，进行员工的血压摸底筛查，然后进行分类监测，并邀请专家巡回诊疗。活动的目的是做好员工血压管理工作，形成全员知晓血压、重视血压的良好氛围，帮助员工预防和控制高血压，提升员工的健康指数和生活质量。

健康管理咨询室指导员柴荣峰回顾一年来的血压管理情况，深感欣慰："筛查出23名三级高血压的高危患者，目前血压基本控制在二级以下，有些甚至维持在健康血压范围之间。""我是这次活动的最大受益者"，洗选中心哈拉沟选煤厂员工高柱说。在单位血压筛查中发现他的血压异常，通过治疗，目前他的血压已经恢复到正常值。这次经历不仅让他开始关注自己的血压情况，也积极参与到同事、家人血压管理中。

从运动出发，远离"四高"，幸福一生，是神东深入践行党的十九大报告中提出的实施健康中国战略，进一步落实"健康企业"示范建设的工作部署，有效开展

"我为群众办实事"的举措之一，倡导大家从饮食开始，要树立正确的健康理念，养成健康的生活方式。公司工会在哈拉沟煤矿、总调度室、上湾煤矿、洗选中心、设备维修中心一厂、新闻中心、乌兰木伦煤矿等七家部门和单位，多措并举组织开展员工"四高"健康服务工作，打通为民服务"最后一公里"，将"我为群众办实事"引向深入。

活动邀请了内蒙古医科大学附属医院刘敏教授现场授课。专家紧紧围绕与日常健康息息相关的高血压、高血糖、高血脂、高尿酸病症，详细讲解了这些疾病的概念、诊断标准、患病的危险因素、高危人群、患病后危害，并从预防管理、平衡饮食、有氧运动、戒烟限酒、心理平衡等方面介绍了预防方法及治疗方式等。授课内容充实详尽，系统科普了"四高"的来龙去脉，教授大家科学准确地了解"四高"，引导大家适当运动、合理膳食、加强自我健康管理，提高身体素质。

"我以后真的要注意饮食健康了，这次检查我的指标都很高，不能光说不练假把式，在自我健康管理中也要体现神东精神，马上行动起来！"一位刚参加完活动的职工说道，这次他的"四高"筛查超标了三项，从眉宇间看到了他要加强自我健康管理的坚定。

心理咨询——关注"∞"的隐秘角落

如果说身体健康通过指标可以测量，那么心理健康真的算是一个"隐秘的角落"，更应该引起关注，对于安全生产和职工的幸福都有着很大的影响。

"你近期休息怎么样？是否有焦虑急躁？"

"最近压力很大，家里的事情也很多，分散精力，让我心里很不安……"

"我们先放松一下，一切问题都可以解决，我先放一段舒缓的音乐，我们慢慢聊……"

补连塔煤矿心理咨询室内，该矿心理咨询师赵毅正仔细向一名青年员工询问着情况。

2022年"安全生产月"期间，补连塔煤矿团委对12名不安全行为发生数量较多的员工进行了心理健康水平测试和"一对一"心理访谈。结果发现，部分员工刚刚调整工作岗位或者区队，对新环境、新岗位适应慢，最终造成工作中不安全行为发生较多；部分员工自身安全意识不足，对不安全行为发生本身不在意，不能起到提升安全意识的作用。还有几名员工的职业认同感及工作成就感较差。也正是因为这样的原因，导致员工的工作积极性不高，消极情绪越累积越多，进而也增加了发生不安全行为的概率。

"做完心理咨询后，心里轻松多了，一块大石头终于从心口拿开了，以后我会以更积极健康的心态，认真工作生活，回报公司对我的关怀！"一位参加了心理咨询的员工如此说道，久违的笑容像雨后的彩虹闪现在他的脸上。

安全心理工作室的设立是神东关注员工心理健康、预防意外事故发生的重要举措，为员工提供专业的心理咨询服务，帮助他们排解压力，缓解焦虑和抑郁情绪，调整心态，改善心理健康状况，增强身心健康。心理咨询工作室不仅培养员工良好的心理素质和心理应对能力，增强职业安全意识和责任意识，提高员工的自我保护能力，预防因心理问题导致的意外事故发生，还可以帮助员工提高身心健康水平和工作效率，以及对企业的归属感和忠诚度，促进组织和员工之间的协作与信任，进而提高企业的绩效和竞争力。

民生就像阳光，细致入微地洒进员工的柴米油盐，体现在人们的衣食住行。神东高度重视员工的身体健康和生命安全，以优质的健康保障措施、先进的安全生产管理体系和人性化的企业文化，打造出一个安全、健康、和谐的工作环境，为员工提供全方位的健康保障和支持，实现了企业与员工共同发展的目标。

撰写人：王文颖　王敏　赵毅　徐清　吴光丽　刘娜

点评

"健康神东"作为托起神东人健康的文化品牌，已经深深印在职工家属的心坎上。神东一直以来十分关注职工身心健康，千方百计增进健康福祉，让员工更有获得感、幸福感，不仅是为神东安全作贡献，更是坚持"以人民为中心"的初心。"健康神东"就是神东回馈给广大职工及家属最宝贵的礼物！

燃石乐队　燃出新时代矿工的热情

"广大青年要坚定不移听党话、跟党走，怀抱理想又脚踏实地，敢想敢为又善作善成，立志做有理想、敢担当、能吃苦、肯奋斗的新时代好青年，让青春在全面建设社会主义现代化国家的火热实践中绽放绚丽之花。"

——党的二十大报告

2020年初春，有一支乐队主动请战，决定利用自己的爱好特长，用歌声诠释新时代青年坚守职责的"硬核"担当，尽自己所能把汗水洒在"保供"一线，把爱与歌声留在战"疫"前线。这支乐队就是哈拉沟煤矿的"燃石乐队"。

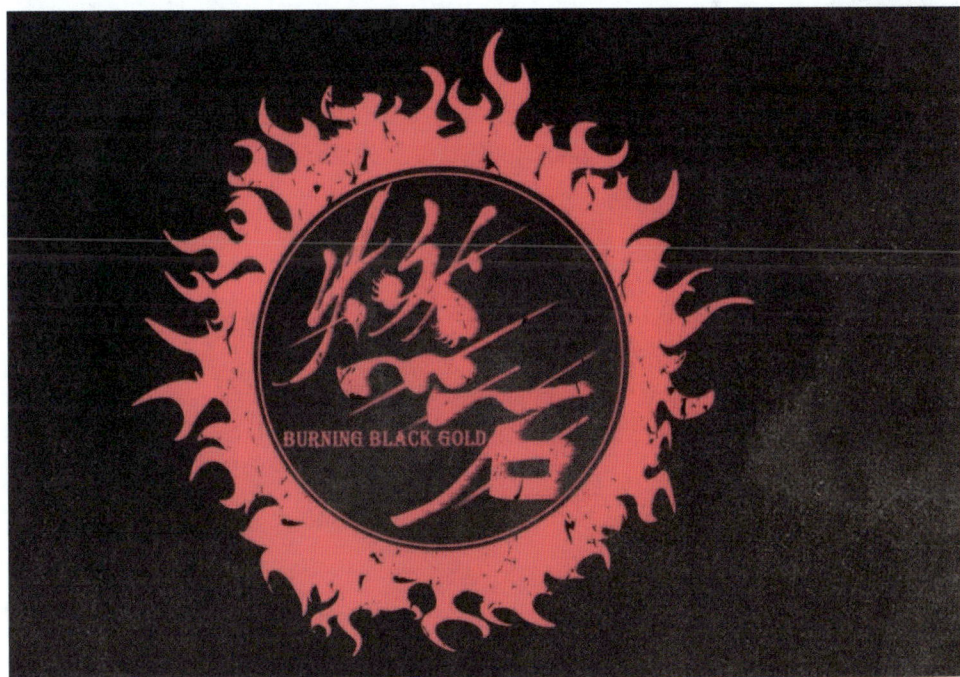

图为哈拉沟煤矿燃石乐队logo，寓意燃烧的石头

来源：国能神东煤炭哈拉沟煤矿

"燃石乐队"组建于2019年5月，全称是"燃烧的太阳石乐队"，寓意将"朴实无华，坚韧顽强，无私奉献"的太阳石精神发扬光大，燃烧无悔青春，点燃煤海激情。燃石乐队共7名成员，分别是主唱代鹰，吉他手袁小春、樊晓，贝斯手李云鹏，键盘手张志雄、魏建航，鼓手刘超群。他们都是公司近年来新入企的大学生。

"燃石精神"——朴实无华

乐队成立之初，可以说是一片空白，几乎所有乐手都是从零起步，只有几件乐器和心怀梦想的赤子之心。困难面前，大家毫不退缩，生产一线的历练造就了他们无所畏惧，迎难而上的坚韧品质。队员们挤出业余时间，放弃休息勤学苦练，平均每天都要保证练习乐器5小时。弹吉他的手指磨出了厚厚的茧，打鼓的手臂酸得抬不起来，但一切困难都没有阻止他们前进的脚步。

图为哈拉沟煤矿燃石乐队

来源：国能神东煤炭哈拉沟煤矿

在所有成员的不懈努力下，不到5个月时间，历经重重困难，燃石乐队在哈拉沟煤矿庆祝新中国成立七十周年文艺汇演上完成了首秀。这支"零基础"乐队登台一展歌喉，就给现场观众带来了歌唱的震撼力量，大家纷纷为他们举手鼓掌。

大家的认可让乐队队员信心倍增，投入更多的努力，经过3个月的精心准备和编排，先后登上2019年神东春晚和迎新联欢会的舞台，成功把新时代青春励志的矿工形象搬上舞台，博得了在场观众一致称赞。

后来，队员们在一起总结探讨，回想起乐队的成长历程，一致认为那种激励他们不断前行的强大的精神正是"燃石精神"，最终他们把自己的乐队定为"燃石乐队"。

"燃石精神"——坚韧顽强

1996年出生的魏建航，在2019年春节期间原本计划和家人外出旅游，却被突如其来的疫情打乱了计划。疫情就是命令，守岗就是责任，接到单位的紧急电话后，魏建航便立即起身返回了单位。魏建航负责全矿869名员工以及外委驻矿单位的信息统计和报告。随着疫情的不断发展，政策也几乎每天一变，他便细心研究解读政策，耐心为员工解答。每天都要统计大量的人员信息，每天都有接不完的电话，着实让人心力交瘁。

但是，疫情面前不容半点马虎，魏建航更是细心加倍，每一位员工的信息都校对准确无误才能上报。看起来有点纤瘦的他，干起活来却是劲头十足，不知疲倦。他几乎每日加班到深夜，次日还要早早地到单位指挥疏散早高峰期入矿人流车流。

忙完了一天的工作，魏建航晚上还要加班为乐队剪辑《你们最美》战"疫"保供视频。感动源于真实，《你们最美》反映了神东青年战"疫"保供一线的真实写照，所以才会扣人心弦，感人至深。

春节期间，袁小春也放弃了休息，顶替未能正常返岗的同事，坚守岗位。疫情期间正值22519综采工作面矿压显现剧烈、涌水量大的艰难时期。为了攻克这一难题，保障产量不受影响，他除了跟班时紧盯现场，实地考察，测算数据外，升井后更来不及休息，赶忙对照技术资料，寻找解决方案，与技术人员共同制定安全技术措施。

经过大家不舍昼夜地共同努力，22519综采工作面就像一名骁勇善战的斗士，顶着困难，不负众望扛起了产量任务重担，超水平完成生产任务，在疫情保供期间交出了一份安全生产的优异答卷。

被隔离也不选择躺平。处在隔离期间的刘超群主动联系部门同事，居家办公，帮他们分担工作压力，充分发挥语言表达特长，为矿广播站录制疫情期间文件精神解读和疫情防控知识等内容。在隔离期间，他还学习了很多有关疫情防控的文件和防控知识，把这些当前最要紧的、关系到大家健康安全的防疫知识用喜闻乐见的方式传播给更多人。

经过刘超群和乐队成员沟通，大家一致同意创作一首防疫歌曲，宣传防疫知识，传递信心决心。历经三个昼夜的精心创作，《神东版防疫 Disco》歌曲诞生了，一经发布迅速被"神东微视""国家能源之声""能源正青春"公众号转载，成为了神东家喻户晓的"防疫神曲"。

疫情期间，张志雄、袁小春、李云鹏也都主动报名参加了团员青年志愿服务，每天在各个测温点、防控点为员工检测体温。

"燃石精神" ——无私奉献

疫情期间，正值22412综采工作面末采，为了确保22412综采工作面能够优质高效贯通，矿上决定成立青年突击队。樊晓知道情况后，主动报名参加了青年突击队支援22412综采工作面末采贯通。

樊晓是个实干家，别看平时不善言谈，但在维修钳工中绝对可以称得上是大拿。2019年11月，连掘一队掘进22521主、辅回撤通道时，连采机截割滚筒浮动密封漏油严重，急需更换。在樊晓的组织和带领下，仅用了20个小时就搞定了原本需要两天时间才能完成的工作任务，同时也开创了神东井下直接更换连采机截割滚筒浮动密封的先例，为今后的工作积累了宝贵经验。

一方有难，八方驰援。燃石乐队的7位青年还积极响应团委号召，筹集了4000元现金捐献给了"抗击疫情、希望同行——希望工程关爱抗疫一线医务人员子女特别行动"，希望能把这一份有温度、有感情的爱心力量献给疫情期间最需要帮助的人们。一直以来，燃石乐队的青年们积极参与公司和社会组织的公益活动，因为在他们看来，作为一名时代青年，这是应尽的义务。

撰写人：蔚高升　刘超群

点评

　　青年有担当，国家有希望。燃石乐队的青年们在用歌声"燃烧无悔青春，点燃煤海激情"的同时，总是在关键时刻挺身而出，用自己的实际行动诠释着最可贵的"燃石精神"，展现了中国青年担当实干、勇于奉献的青春底色，也为人生留下了最美的青春印记。

时尚矿工先生
神东人的"开心麻花"

> *"一台话剧能够让人记住，就是好的。"*

——老舍

"我要做最会'表演'的煤机司机；我要做最会'唱歌'的维修工；我要做最会'创作'的检修电工；我要做最会'表达'的胶轮车司机；我们要做矿区最'靓'的仔……"，这是"时尚矿工先生"团队成立时在矿井深处立下的誓约。

转眼，一千八百多个日日夜夜，他们用自己的语言魅力和具体行动践行了曾经的誓言。

"井深巷远"，梦想开始的地方

煤矿，工作性质的特殊性、作业空间的局限性，为每个人提供了成长成才的大舞台。梦想，随着巷道的延伸，也越来越长、越来越远。2019年春，"公司要举办班组建设现场会，咱们矿准备出一个节目，参加评选，你们有信心吗？"时任石圪台煤矿生产管理办公室副主任的于跃同志，一通电话，开启了一群年轻人的梦想之旅。

"时尚矿工先生"团队由此成立。开始只有9人，他们分别是检修电工杨伟，车辆调度员姜波，信息维修电工王宝，胶轮车司机冯建辉、杨喜军、孙晓春，煤机司机张耀、郝雄小，皮带机司机张呈宇。他们身在不同的工作岗位，作息时间也大不相同，却从未停下追逐梦想的脚步。

冯建辉，一个地地道道的70后陕北汉子，从未被煤矿工作生活磨灭过对梦想的追求。每次接到演出任务，他总是利用工作之余钻研剧本，定位角色，张嘴就是台词儿。在排练情景剧《这个班这些年》期间，因为角色的需要，老冯有段舞蹈，

图为"时尚矿工先生"团队成员参加演出幕后花絮

来源：国能神东煤炭石圪台煤矿

这可把这个40多岁的老哥难住了。"不会我可以学"，铿锵有力的承诺，让这位身处煤矿一线的五尺男儿生生练就出了婀娜的身段；杨伟，一个戴着斯文眼镜的检修电工，因为岗位的原因，他每时每刻都要做好随时入井检修的准备，只能在上下班的途中，在脑子中反复演练角色的台词，谁也不会想到，在舞台剧《红色记忆》中闻一多先生演讲时的慷慨激昂，会被这个个子只有一米六的年轻后生演绎得淋漓尽致；张耀，2018年参加工作的大学生，是团队中年龄最小的成员，也是最努力的队员。身为学校社团中的IT精英，没有舞台经验的他，在加入时尚矿工先生团队后，一切都要从最基础的地方开始打磨。工作之余，他把多出来的时间全部放在了演技的打磨上，对着镜子一遍一遍地练习，待身段自然后再请教老师，然后再打磨。最终，呈现在情景剧《底线生命》中耀子一角的经典形象，湿润了观众的眼睛……

"如何让更多的人了解神东人的文化，如何去展现咱们矿山人这些年的变化，如何体现咱们如今的工作和生活"，成为了"时尚矿工先生"团队创作的灵感和源泉。《这个班这些年》《底线生命》《矿工"家"速度》《红色记忆》《国能"E家"》《矿工的一天》《大爱小爱》《班组笑谈》《支部来了新书记》《岗位上的新年》《就地过年》等等作品，有的诙谐幽默，有的发人深省，有的引人落泪。他们以生产一线员工的小视角，演绎着矿工一线的生产生活，展现着神东风采，弘扬着神东文化，传播着神东好声音。

"疫"路有我，不阻梦想的前行

2021年春节，"时尚矿工先生"团队受邀参加榆林市网络春节晚会直播。石圪台煤矿报送了小品节目《就地过年》。为让观演者真切体会自己就地过年、奋战生产一线的价值和意义，他们排除万难，从主题到剧情，前后历经12次改动。

在节目排练期间，为响应疫情期间的国家政策，"能源保供、能源报国"的整体工作要求，他们为了不影响生产工作任务，把集中排练改成了分组，根据演员的工作时间，把上早、中、夜班的演职人员，由团队骨干带领，分镜头、分片段地研究剧本和角色，按时间节点汇报排练进度，通过视频连线的方式集体彩排，让广大员工感受到神东大家庭温暖，传递了全民战胜疫情的信心和决心。

石圪台煤矿砼底板队车辆调度员姜波说："我参与了小品《就地过年》等3个节目的创作和录制。尤其是《就地过年》，我们几个主创人员利用下班时间分组或视频的方式，连续几个晚上讨论剧本至凌晨，前后经历了十几次的剧本改动。同时在有限的时间和场地，分班分组、加班加点排练、雕琢。虽然苦，但大家用表演的方式传递着自己对生活的热爱，为矿区过年的员工家属送去温暖，我感觉特别有价值。"

"群策群力"，为梦想保驾护航

不知不觉，"时尚矿工先生"团队已经走过了5个年头。随着时间的推移，创作的作品也越来越多样化，从舞台剧到小品，从情景剧到相声，从话剧到歌舞。这些创作的灵感全部来自团队成员对工作生活、对梦想的热爱。他们在工作中不断的发觉生活的乐趣，抓住一个感动的画面、一个爆笑的包袱、一个难忘的瞬间……他们都会记录在随身的小本子上。靠着平常一点一滴地积累、聚沙成塔，"时尚矿工先生"团队群策群力，让创作的源泉从不枯竭。

"机会，是留给有准备的人"，"时尚矿工先生"团队利用班余时间不断地学习，丰富自己的业余爱好，并切实付以行动，同时不忘发掘身边一直追逐梦想的人。现在，"时尚矿工先生"团队已把理念传递到周围的每一个人，团队成员现已突破40人。他们相信梦想的力量，在梦想的道路上从不停歇。

图为石圪台煤矿班组建设协会原创小品《国能E家人》剧照

来源：国能神东煤炭石圪台煤矿

他们说："以前，一提到煤矿，许多人第一个就想到'阴暗、潮湿'，因为在上个世纪'下井'就是生活窘迫的代表；一提到煤矿，许多人第一个想到'煤黑子'，因为大家对煤矿的印象还保留在传统观念中；一提到煤矿，许多人第一时间想到'四块石头夹块肉'，因为在大自然面前人总显得渺小……而现在，我们要用自己的视角，用属于我们的方式，用更好的作品去展现矿山的变化，去演绎矿山人的风采，要让更多的人去了解煤矿，让更多的人去体验矿山人的文化，让更多的人去传承属于神东的那份荣耀！"

这些矿工先生们，不忘初心向前进，他们离梦想更近了，就让这梦想，在煤海深处，扬帆起航！

撰写人：姜波　陈旭亮

点评

"时尚矿工先生"从一个9人的团队起步，心怀演绎神东文化、展现矿山生活的初衷，历经一千八百个日日夜夜，用实际行动践行着不变的初心。这支团队采用舞台剧、小品、情景剧、相声、话剧和歌舞等形式，以一线员工的视角，讲述神东故事，弘扬神东精神，传播神东好声音，让梦想在煤海扬帆起航。

矿区文化艺术节　神东人期待的文化盛宴

　　"文艺工作者要学习社会，这就是说，要研究社会上的各个阶级，研究它们的相互关系和各自状况，研究它们的面貌和它们的心理。只有把这些弄清楚了，我们的文艺才能有丰富的内容和正确的方向。"

——毛泽东

　　"辛苦了，元宵节快乐，快来吃汤圆！"这是在矿区文化艺术节"万人吃汤圆"活动现场的暖心一幕。

　　矿区广场上，排起了长队，等待着品尝这一年一度的汤圆盛宴。三口大铁锅里火力全开，师傅们不停地忙碌着，一颗颗汤圆在锅里上下翻滚，散发着阵阵诱人的香气。周围的居民也被吸引了过来，场面异常热闹。

　　为了让职工的业余文化生活更丰富，营造共创共惠的文化氛围，神东广场文化艺术节和元宵文化艺术节应运而生。文化艺术节满足了员工对多元文化活动的需求，还让员工体验到不同的文化氛围和艺术魅力。活动通过"文化神东"公众号时时更新活动内容，将神东人的幸福快乐传播到更远的地方。

小吃一条街，吃货们的福利

　　"看起来小吃街真是最受欢迎的地方啊，那么多美食……"

　　"是啊，这里的小吃真是种类繁多，口味也很地道，你可以尝试一下这个摊位的烤鸭和手抓饼，味道非常棒。"

　　"还有烤鸭？我一直想尝试一下正宗的烤鸭。"

　　"是的，这里的烤鸭用传统的烤制方法，外焦里嫩，非常好吃，说起来我都流口水了，哈哈哈……"

图为文化艺术节上的小吃一条街

来源：国能神东煤炭新闻中心

　　文化艺术节最聚人气的，莫过于小吃街了，真的是一个让人无法抵抗的美食天堂，这里的各种美食让人垂涎欲滴。对于吃货们来说，这里绝对是一个不能错过的地方。文化艺术节开设了两组小吃摊位，分别由矿业服务公司各服务部和周边社会特色餐饮经营。在这里，地方传统特色美食花样繁多，布尔台煤矿服务部美味的烤鸭、石圪台服务处的铁板鱿鱼、上湾煤矿服务部的手抓饼、补连塔煤矿服务部的麻辣羊蹄、大柳塔煤矿服务部的内蒙古羊杂、马家塔煤矿服务部的炒山药丸子、洗选中心服务部的手抓饼、物资供应中心服务部的烤羊肉串、煤制油选煤厂服务部的烤猪皮、机关服务部的刀削面，看了真是让人流口水，都受到大家一致好评！

　　"老板，再来10串羊肉串！"一个小男孩兴奋地大声喊道。

　　"好的，马上就来！"物资供应中心服务部的服务人员，手脚麻利地将刚烤好的滋滋冒油的羊肉串递给了男孩。

　　"这个小伙子真是吃货啊！"旁边的大妈看着男孩的模样，忍不住笑了起来。

　　"哈哈，是啊，这孩子从小就是个大胃王！"男孩的爸爸也加入了笑声。

　　小吃摊位上人头攒动，享受着热气腾腾的地方美食，脸上挂满了幸福而又满足的笑容。小吃街不仅仅是一个提供美食的地方，它更是一个汇聚了人们的喜悦和欢笑的场所。在这里，人们可以享受美味食物，感受朋友和家人的陪伴，享受快乐和幸福的感觉。小吃街带给神东人的幸福和欢笑不仅仅是因为美食的存在，更因为它所传递出来的人情味和社交互动，让人们体验到生活的美好和多彩。

节日民俗，让传统文化在这里传承

文化艺术节上，传统文化在这里放射出耀眼的光芒！

民间自古有"正月十五闹元宵"之俗，各种丰富多彩的庆祝活动，使元宵节成为"年"的高潮。张灯结彩闹春潮，锣鼓喧天庆元宵，神东元宵文化艺术节鞭炮齐鸣十分热闹。红火、热闹、喜庆的闹元宵活动让矿区员工群众一次又一次地享受了精神文化大餐。

图为文化艺术节上的秧歌表演

来源：国能神东煤炭新闻中心

演员们身着各色彩装，载歌载舞，说唱、划旱船、陕北大秧歌、美猴王大闹艺术节等节目精彩纷呈，极具地域和民俗特色，为欢度元宵佳节营造了热烈、祥和、喜庆的气氛。陕北大秧歌是北方的一种传统舞蹈，演员们跳着陕北大秧歌，手执锣鼓，挥舞着彩带，舞姿威武雄壮，让人们感受到了北方人民的豪放和热情。美猴王大闹艺术节则是以中国传统文化中的《西游记》为创作基础，将经典故事融入现代表演中，呈现出一种别样的传统文化魅力。演员们身着戏服，扮演着孙悟空、唐僧等经典角色，通过精湛的表演，让观众们仿佛置身于一个神奇的世界，感受到了中国传统文化的瑰丽和神秘。

在此期间，企业文化中心还借助"文化神东"微信公众号组织开展了"时时更新动态""幸运抽奖"等送福利活动，更是为元宵文化艺术节增添了一抹亮色，让艺术节更暖心！猜灯谜也是元宵节的传统项目，艺术节期间每晚准点在手机上猜灯谜，成为大柳塔煤矿魏天航的习惯。

"那天在神东内网看到公告，公司将举办线上猜灯谜活动，我决定参与，每天躺在宿舍就能感受节日的气氛，并且还有机会领到小礼品，我觉得非常暖心。"魏天航说。

歌舞表演，唱出神东人的风采

"光荣啊新时代的煤海英雄！"

"为振兴中华奉献工业食粮！"

一首《新时代煤海英雄》，唱响了神东的夜空。在这片神奇的土地上，培养出吃苦耐劳、开拓务实的一代代煤海人，歌曲雄浑有力曲鼓舞士气，调动和激发了矿工干事创业的激情。文化艺术节演出现场，观众们簇拥在舞台周围，载歌载舞，手舞足蹈。一位观众兴奋地对身旁的朋友说道："太棒了，神东的文化氛围简直太好了。"

歌舞表演，是神东文化艺术节上又一精彩看点。舞台上的表演轻盈灵动，让人仿佛置身于一个梦幻的世界中。演员们的表演充满了青春洋溢和热情，让人感受到神东矿区的生机和活力。舞蹈《茉莉花开》轻盈灵动，惟妙惟肖；筝箫合作《女儿情》曲调优美，温婉动人；歌曲《像梦一样自由》《矿工魂》青春洋溢，热情十足，歌颂了神东矿工积极向上的精神风貌。一个个精彩的表演赢得现场阵阵掌声、呐喊声，观众们手中摇曳的荧光棒在朦胧的夜色下泛出点点星光，显得格外美丽。

在神东文化艺术节的专场演出中，旗袍舞蹈、旗袍走秀、环保手工旗袍秀、旗袍快板、旗袍瑜伽、诗歌朗诵、茶道古琴旗袍秀等节目，都是协会全员群策群力、共同努力的结果，她们像苍穹中一颗颗最亮眼的星星，照亮了矿区的星空。

"这些旗袍真的太漂亮了，每一件都有自己的特色和独特之处。"

"这些旗袍看起来非常优雅，也展现了神东人的精神风貌。"一位观众感叹道。在旗袍走秀中，演员们身穿各式旗袍，展示了旗袍的多样性和魅丽。整个演出现场，观众们不停地为演员们鼓掌欢呼，为神东矿区的"亮丽风景"点赞。

文化艺术节是神东的一场文化盛宴，它不仅是展示当地文化和艺术的平台，也是推动文化交流、促进社会和谐的重要途径。通过文化艺术节，人们可以了解矿区的历史、文化，增强对神东地区的认知和认同感，提高当地的知名度和影响力。同时加强人与人之间的沟通和交流，促进文化多元融合，激发矿区人民的文化自信和自豪感。

撰写人：王文颖

点评

神东文化艺术节为传承发扬中华优秀传统文化、浓郁文化氛围提供了很好的平台，是推动文化践行落地的有效方式。文化艺术节不仅满足员工对多元化文化活动的需求，更让员工体验到不同的文化氛围和艺术魅力。

主题文艺汇演　演绎不平凡的神东故事

"我国作家艺术家应该成为时代风气的先觉者、先行者、先倡者，通过更多有筋骨、有道德、有温度的文艺作品，书写和记录人民的伟大实践、时代的进步要求，彰显信仰之美、崇高之美，弘扬中国精神、凝聚中国力量，鼓舞全国各族人民朝气蓬勃迈向未来。"

——习近平

每一个主题汇演背后，都闪动着神东人兢兢业业的身影……

每一段神东故事的讲述，都是对神东人优良品质的最好诠释……

神东精神在这片黑色沃土生根萌芽，开出绚烂多彩的文化之花……

一场精彩的文艺汇演，除了要呈现丰富多彩的表演形式和视觉效果外，更重要的是能够体现背后的精神内核，传递人文关怀、弘扬正能量，让观众在欣赏演出的同时也能感受到文化价值和情感共鸣。

本着满足员工群众精神文化生活需求的原则，引导员工树立健康生活、快乐工作的理念，神东秉承习近平总书记关于文化文艺工作的重要论述，坚持文艺为人民服务的工作导向，隆重推出庆祝新中国成立70周年主题文艺汇演、庆祝建党100周年主题文艺汇演、班组建设主题汇演等具有高质量和多样性的主题文艺汇演活动，用有筋骨、有温度、有生命力的文艺节目演绎神东故事，传播神东好声音，为矿区员工和群众提供高质量、多元化的文艺享受，丰富人们的精神文化生活。

庆祝新中国成立70周年文艺汇演，小我守护中国梦

在神东文体中心影剧院，一片喜庆欢乐景象……

"今天的主题文艺汇演真是精彩啊，每个节目都让人感到震撼。"

"对，尤其是舞蹈，舞者的动作和音乐结合得太完美了，真是完美的视听享受！"

"还有诗朗诵，让我感到一阵阵的热血沸腾，而且还加入了一些现代元素，让整个演出更加富有活力和时代感。"

图为神东庆祝新中国成立70周年主题汇演

图片来源：国能神东煤炭新闻中心

金秋撷硕果，汇演传真情！神东文体中心影剧院一片喜庆欢乐景象……神东"壮丽七十年 奋斗新时代"庆祝中华人民共和国成立70周年主题汇演，由公司员工自编、自导、自演，分峥嵘岁月、走进春天、薪火相传、继往开来四个篇章，让矿区员工及家属在飞扬的歌声、优美的旋律、暖人的故事、活力的舞姿中感受伟大祖国70年的光辉历程，祝福祖国70华诞。神东人将爱国情怀融入文艺作品，奉上了一场视觉和听觉上的盛宴。

"刚开始想用《我的祖国》这个情景剧进行开场，但是，后来觉得这个节目很好，分4个部分，正好跟汇演整体内容相融合，我们几个商量后就进行了大胆尝试，用这个节目来整体串场，达到一气呵成的效果。但是想法要付诸实践的过程是异常艰辛的，因为这个节目的演出要从头串到尾，演员每一次出场都要展现最好的精神状态，这对演员们来说是一个不小的考验，而且节目前后的衔接要自然，要给人浑然天成的感觉，对编创人员来说更是一项极大的挑战。但是从演出效果来看，我们的这个想法是对的，是符合大家的需求的！"演出结束后，企业文化中心文艺部副主任薛岗自豪地说。

"节目定好，人员到位，精心编排是极其重要的阶段。企业文化中心文艺部共21名员工，各负其责，全部投入到节目编创中。在节目前期排练阶段，为了不影响参演员工正常工作，中心特意安排各节目负责人深入相关单位，组织员工利用工余时间排练。

"台上一分钟、台下十年功！"集中联排是本次汇演攻坚克难的阶段。为确保演出效果，企业文化中心经过多方协调，将演出人员全部集中到文体中心进行联排。联排是特别高强度的排练。演出人员从早到晚，一遍又一遍精心打磨，动作不满意、呈现效果不好，就会彻底推翻重来。好多员工为了排练效果，自己在角落里不知练习了多少遍，甚至忘记了吃饭，忘记了休息……这期间不知付出了多少汗水和泪水，但是大家都无怨无悔，不管什么时候排练，都能准时到位，以最好的状态参排。

"真的好累！但是听到大家叫我一声老师，觉得这一切都值了！"负责本次演出最难编排的情景剧朗诵节目负责人洪雪娇和曹迎新真诚地说。

精彩的节目，得到了广大神东职工的肯定。"在新中国成立70周年之际，公司组织的主题汇演特别振奋人心，很受感动，歌颂党，歌颂祖国，传承神东精神，整体节目编排很有新意。衷心祝愿祖国繁荣昌盛，永远平安，祝愿神东的事业蓬勃发展，再创辉煌。""这次演出有新意，用节目串节目，看得很过瘾，尤其是舞蹈《中华一家亲》很有看点，值得点赞！"观看本次演出的哈拉沟煤矿党政办员工赵博、新闻中心员工苗慧强开心地分享着他们的观演感受。

庆祝建党百年文艺汇演，神东人，实干！

"听说建党百年的文艺汇演，正在进行节目选拔……"

"我们早就准备好了，摩拳擦掌就等上台了，这个节目真是凝结了我们团队人心血，花费了大半年才打磨完成……"

"咱神东人，什么时候掉过链子，期待你们的精彩演出！"

时值建党100周年，神东煤炭集团有幸协办了"永远跟党走——榆林市庆祝中国共产党成立100周年"大型文艺演出。榆林市政府庆祝建党100周年大型演出中，神东人能够在自己的家乡演出，演员们的内心是极其自豪的。大家纷纷表示，要以最好的状态展现在神东父老乡亲的面前。虽然大家都不是专业演员，但深知这次演出，是向榆林人民展示神东精神的窗口，同时也是献给伟大的中国共产党建党100周年最好的礼物。

图为神东庆祝中国共产党成立100周年文艺演出

来源：国能神东煤炭新闻中心

《神东人　神东魂》作为集中展现神东精神的节目，得到了各界的高度肯定。节目由企业文化中心员工、矿区文艺爱好者、文化志愿者共117人自编、自导、自演。以雄壮磅礴的气势和气吞山河的壮阔，谱写了煤海拓荒人在中国共产党的领导下不畏艰难险阻、不断开拓进取、不怕流血牺牲，以战天斗地的英勇顽强精神，在风沙肆虐的黄土高原上建立一座现代化煤都的壮丽史诗，展现了中国矿工、神东铁军迈进新时代，深入践行习近平总书记"社会主义是干出来的"伟大号召，继续谱写能源行业创新驱动发展的决心和豪迈。

编排这样一个舞台剧，能在榆林人民面前，利用短短的10分钟，展现神东发展前后30余年的感人精神，不得不说是一个奇迹。作为主题汇演的灵魂，如何用文艺作品呈现神东精神、讲好神东故事，对工作和参演人员都带来了极大的挑战。"117人的排练，一个大型情景剧只用了3天的时间，神东人，让我震惊了。"这是演出总导演在排练第3天汇报演出后感慨地说道。

好的演出，不仅有精彩的整体呈现，也有深刻的教育意义，今天不仅是一场演出，更是一堂神东人的精神课。"观看完后我很感动，回顾了神东的发展历程，让我感受到神东人那种不屈不挠、艰苦奋斗的精神，好的精神就是要传承下去，我真的感受到了，也会在工作生活中践行下去。"一位观看完演出的职工说道。

青年文艺汇演，青春建功，梦想启航

神东青年，一个响亮的名字，青春与灵动，热情与执着，都在这里轮番上演……

当汇演的帷幕徐徐拉开，神东青年的奋斗历程和身影生动地展现在观众眼前……

歌舞表演《辉煌中国》，演绎了神东人对祖国繁荣昌盛的美好祝福；《工装秀》、个人独唱《新开地》、情景舞蹈《青春 梦想 担当》《青年话安全》等极具神东特色的文艺节目，歌赞改革开放以来，神东在党的领导下耕耘不辍、砥砺奋进取得的辉煌成就；主题演讲《砥砺青春绽芳华》《改革开放四十年 青年奋进正当时》等，通过讲述神东人物故事，再现青年员工传承"艰苦奋斗、开拓务实、争创一流"的神东精神，集中展现了神东青年锐意进取、奋发向上的精神风貌和不屈不挠、根植热土的深厚情怀，让现场观众收获了沉甸甸的感动。

节目内容丰富，形式多样，不仅涵盖了声乐、歌舞、花样篮球、魔术表演等，同时融入剪纸、书法等文化元素，氛围热烈、形式丰富、创意十足，充分展示了神东文化的独特韵味和青年员工的热情活力。精彩纷呈的文艺节目让现场气氛不断升温，才艺串烧节日双节棍、魔术展示、歌曲联唱《神东精神代代传》《神东风采》《红旗飘飘》等，都是神东精神的生动诠释。

"看完节目后，我心潮澎湃，感觉有无限的激情和动力想投入今后的工作学习中。作为神东青年，肩上任务重，但是心中却有熊熊烈火在燃烧。每一代青年都是历史的继承者和未来的开拓者，神东的希望在青年，祖国的希望在青年，神东精神会一直激励我前行。"观看完演出后，一位青年职工激动地说道。

班组建设专题文艺汇演，我的班组我骄傲

"你们班组的节目，在这次汇演中选中了吗？"

"当然了，我们排练了一个小品，都是根据真实故事改编的，还加入了一些诙谐搞笑的元素，绝对能让你饱眼福……"

"期待啊，看你们利用工余时间一直在排练，相信一定很精彩！"

神东文体中心影剧院星光闪耀，歌舞欢腾，班组建设文化成果展示主题文艺晚会在这里精彩上演。班组建设主题文艺演出，充分展示了神东班组建设成果，展现了神东矿工的良好精神风貌。

班组建设的文艺节目，是在神东各单位经过多次精心筛选最终选送的。整场晚会节目紧扣班组建设主题，感动与欢笑共存。班组文艺汇演，不仅是文艺的体现，更是班组精神的体现。

演出在气势恢宏的情景歌舞《神东班组建设之歌》中拉开帷幕，矿业服务公司演出的小品《阳光班组的故事》改编自神东金牌班组的真实故事，生动讲述了后勤员工节日期间坚守岗位，"舍小家，为大家"的感人故事；石圪台煤矿表演的音乐情景剧《这个班这些年》，以个人独白配合情景表演的形式，生动再现了一个班组成长进步的经历；《井下班中餐》通过描写新时代神东井下工人日常工作状态反映了神东人吃苦耐劳的优良品质，以歌舞情景剧的方式表演，通过诙谐幽默、细腻丰富的人物刻画煤矿工人身边的小事，生动展现了神东人爱国、爱岗、爱家的优良传统；《矿工兄弟》以神东矿工工作生活故事为主线，以井下生产、团队协作、家庭关怀为背

景展开，勾勒出了矿工对工作的热爱和家庭和谐幸福的温馨画卷，彰显了神东人特别能吃苦、特别能战斗、特别能奉献的责任担当，诠释了新时代矿工有血有肉的家国情怀和无私奉献的崇高品质。

"作为观众，我深深被演出中那深情的歌声、优美的舞蹈、贴近实际的情景朗诵所打动。此次演出真正体现了神东员工的爱国情怀和强烈责任担当，也让我们看到了神东敢于创新、勇攀高峰的决心和实力。作为班组一员，我深深感到骄傲和自豪。"一位观看完演出的职工激动地说。

主题文艺汇演是展现企业文化和精神追求的重要途径之一。主题文艺汇演不仅是一次演出，更是一次企业文化展示和价值传递，突出了神东的社会责任和经营理念，也彰显了神东员工的爱国情怀和责任担当。观众在演出中也感受到了企业文化的内涵和意义，加强了对企业的认同感和归属感，从而更好地为企业发展贡献力量。

此外，文艺汇演还具有很高的艺术价值和社会意义，能够丰富人们的精神生活，满足人们对美好生活的需求。演出中的歌舞、情景朗诵、器乐合奏等文艺节目，以其丰富多彩的形式和深刻的内涵，让观众在欣赏中感受到了美的力量和文化的魅力。

撰写人：王文颖

点评

神东文艺汇演组织专业人员教、学、帮、带，进行深度挖潜和人才培养，突出特色与风格，下活一盘棋，打造了基层文化艺术经典库，为精品文化节目创编、主题文艺汇演、企业文化落地与传播推广奠定了深厚的基础。

03

文化传播

文化的一个重要效用在于通过其扩散性，让更多的人认知、认可文化背后倡导的思想理念和精神气质。广受关注的"图说神东"、纸短情长的淑琴剪纸、直击人心的微电影、广为传唱的原创歌曲、力与美相融的创意铁艺、活力迸发的班组"图腾"，一个个有声有色的文化符号，将神东文化诠释得更加生动多元、传播得更加广泛深入。

图说神东　神东人的今日头条

"党报、党刊、党台、党网等主流媒体必须紧跟时代，大胆运用新技术、新机制、新模式，加快融合发展步伐，实现宣传效果的最大化和最优化。"

——习近平

春风浩荡，奋进新程；凝心聚力，奋楫扬帆。2023年4月，在山东淄博第八届全国煤炭行业优秀新闻工作者表彰大会上，"图说神东"微信公众号荣膺"2022年全国煤炭企业最具影响力微信公众号"殊荣！这项殊荣是继"能源行业最佳微信互动平台""能源企业百强微信公众号"之后，"图说神东"获得的又一项重量级荣誉。

图为"图说神东"微信公众号荣膺"2022年全国煤炭企业最具影响力微信公众号"殊荣

来源：国能神东煤炭新闻中心

从2014年上线以来，"图说神东"微信公众号已经陪伴我们走过了9年充满传奇色彩的历程。这是神东媒体融合发展的9年，也是见证和记录全国首个2亿吨级煤炭生产基地朝气蓬勃、高质量发展的9年。

新时代、新征程、新担当，新闻中心在两级公司大宣传格局引领下，不忘初心、牢记使命、守正创新，勇担主流思想舆论的重任；这是"图说神东"在公司党委的坚强领导下，与时代同步、与员工同心，从无到有、从小到大，打造"神东矿区第一综合资讯平台"的光辉历程。

目前，"图说神东"微信公众号的用户已超17万，整体用户规模和影响力在行业主流媒体中处于领先地位，被亲切地称为神东人自己的"今日头条"，为践行神东理念、传递神东故事、传播神东文化，营造浓厚舆论氛围，发挥了重要作用。

"颜值""言值"兼得，平台互动新鲜吸睛

在"神东年度汉字评选"中，用心写下一个字、一个词，为神东的一年留下醒目印记；在"小掌柜跳蚤市场"上，通过一场有趣的互动体验孩子世界里的"博弈"；参与"神东矿区首届美德青少年评选"活动，被一个孩子的故事打动，从此明白精神传承的内涵……对于"图说神东"微信公众号大部分用户来说，正是在这样一场场、一次次有"颜值"的活动中，逐渐熟悉了每一个"小图"的风格，明白了每一个策划的理念与意义，用一次次正面互动积累了平台的"言值"，并凝聚了越来越多的"忠粉"。

互动是新媒体的灵魂，这一点在"图说神东"的活动中得到了充分的体现。"万册爱心图书公益活动""请为神东'后浪'打call""我最喜爱的班组票选活动""你心目中最美的秋景所在地""谁是神东粽子之王"……

9年来，"图说神东"举办了近百场线上互动活动，其中"神东年度汉字评选"是平台的"爆款"活动之一，从2015年至今已连续举办8届，每年吸引万人参与评选。这样的活动不仅仅是一种娱乐方式，更是让用户更加深入了解和参与神东的文化、历史和发展。

图为2022神东年度汉字和热词

来源：国能神东煤炭新闻中心

9年来，通过以互动活动为载体的连接，"图说神东"等新媒体平台以平等的姿态和语态对话用户，让用户成为参与者、见证者，进而成为支持者。这些活动不仅提高了神东的舆论声量，也让17万名用户的力量汇聚成公司发展的合力，这是"图说神东"出圈的密码，更是传递正能量、传承优秀文化、推动社会发展的使命和担当。

"品质""气质"融合，媒体服务温暖走心

6期推文、94张海报、24个视频，"图说神东""第八届全国煤炭行业优秀新闻工作者风采展示"融媒体发布，屡获好评；失物招领、开票、员工卡充值、招聘……"图说神东""一站式便民服务"被多次点赞；紧急倡议、爱心接力、公益助农，"图说神东"社会公益服务温暖走心。

9年来，以"图说神东"为代表的神东新媒体平台，坚持聚焦主责主业，以"服

务人、塑造人、促进人"的理念为指导,深度参与各类重大活动和会议。作为指定媒体,"图说神东"在国家能源集团第一届矿长大会、著名作家访神东、神东先行示范区创建工作启动会等活动、会议上,通过"新媒体+服务"的形式全程参与,发挥了重要作用。

9年来,"图说神东"在服务公司业务的基础上,拓展视角,将服务意识贯穿于媒体运转全流程和各环节。失物招领、开票、员工卡充值、招聘等便民服务项目,联合属地公安开展预防诈骗专项宣传,及时提供民生工程、科普知识、招聘信息、最新路况等信息,为用户提供更加便捷、实用的服务,受到多次肯定。平台精准定位用户需求,利用新媒体平台深化拓展新媒体服务功能,着力打造媒体服务的示范窗口,这种服务意识的贯彻和实践,也让"图说神东"成为了一个在新媒体领域具有重要影响力和示范意义的平台。

9年来,"图说神东"作为神东头部媒体,不断深化媒体服务功能,拓宽媒体服务半径,持续为两级公司和基层单位提供媒体服务。2019年3月份,当柳塔煤矿员工出生才10天的宝宝急寻救命"熊猫血"时,"图说神东"微信公众号第一时间发布一则《紧急献血倡议书》,仅1个小时后,孩子父亲就接到200多个电话和数十条信息,宝宝当日就得到救治。同年8月份,补连塔煤矿一名新入企员工的孩子因早产住院,花费超过10万元,该员工向公司团委求助。在公司团委发出捐款倡议后,"图说神东"第一时间编发了《爱心接力!神东员工出生20多天的宝宝情况危急,亟待帮助!》的文章,借助平台强大影响力,为孩子筹到了医疗费用。1个月后,孩子康复出院,该员工发来了感谢信。在另一次事件中,贫困户牛宝成一家因交通不便,家中1.3万斤优质土豆滞销。平台发布了《爱心扩散!1.3万斤土豆滞销,这位老乡需要你伸出援手,共渡难关!》的微信文章,在神东矿区被多次转发和分享,并被鄂尔多斯新闻网转载。文章发出后一天时间内,1.3万斤土豆就被订购一空。这些都是"图说神东"在履行社会责任、发挥媒体服务作用方面的成功案例,也展示了平台在服务社会和用户方面的积极性和创新性。

9年来,"图说神东"不断提供高质量、特色化媒体服务,并将此作为讲好神东故事、传播神东声音的良好契机。平台坚持全力提升媒体服务力,持续做好媒体服务,赢得了公司上下认可和称赞。这种服务意识的贯彻和实践,不仅为公司提供有

文化传播

力的舆论支持，也为平台发展壮大打下坚实基础。

"爆款""新款"同步，品牌栏目成功"破圈"

2022年全年，"图说神东"新媒体平台共推出33个阅读量10万＋次的"爆款"作品，这些作品越来越能与用户产生共鸣。例如《历时半个世纪的改变，煤炭是这样从井下运出来的》和《大柳塔、上湾、石圪台……原来神东这些响当当的煤矿，名字这么来的！》等一批角度新颖、引发共鸣的融媒体作品，让《见证神东》栏目品牌深入人心。此外，还有来神东11年、走模特步的维修女孩让大家记住了《神东情》这个栏目。平台不仅守正还不忘创新，成功推出了一批"爆款"和"新款"作品，展示了平台在新媒体领域的创新实力和影响力，"图说神东"成功出圈。

见证神东 | 国内首个！就在神东！

原创 神东煤炭 **图说神东** 2021-01-14 12:10

收录于合集
#见证神东   59个 >

图为"图说神东"微信公众号见证神东宣传专栏

2021年1月14日，"图说神东"隆重推出《见证神东》栏目第一期内容《见证神东 | 国内首个！就在神东》。该作品发布后，后台收到留言，"这个栏目办得好。来自一个老神东人"。同年1月28日，《见证神东 | 90年代，煤矿工人井下吃什么？你见过吗……》作品被多名神东人点赞，有人说"看完很感恩，定不负神东，请家属放心"。同年7月28日，《见证神东 | 一组新旧照片对比！矿区8090后沸了，满满的回

忆杀……》作品收到超100条留言，"80后""90后"神东员工集体泪目，回忆起青春岁月，祝福神东。2022年6月30日，《见证神东丨今天！请为神东煤炭集团打√》作品被行业媒体点赞，赞扬栏目作品守正创新、富有新意。此外，2022年1月6日，《见证神东》短视频正式发布；2022年4月，《见证神东》栏目获评"2021年度中国煤炭新闻奖"新闻名专栏一等奖。这些成果展现了平台在服务用户、传播神东声音方面的不懈努力。

9年来，"图说神东"始终守正创新，着眼于"增强媒体传播力"，并着力打造优势品牌栏目。品牌栏目如《见证神东》《神东情》坚持"内容为王"的原则，注重选题策划、内容质量、创意创新和标题制作。同时，采用SVG、H5、海报、动图等多种形式，使推文具有更高的信息量和可读性，有效提升了传播效果。2022年，《见证神东》栏目共发布了72期，全平台总阅读量近500万次。原创栏目《神东情》共发布24期，最高阅读量超过1万+次，引发读者共鸣。这些成果充分展示了"图说神东"在媒体传播方面的影响力，为公司发展注入新活力。

"图说神东是我最好的知心朋友""每天中午第一件事就是看图说神东""图说神东就是我们神东人的'今日头条'"……在微信后台，我们经常收到这样的留言。通过以神东的视角报道行业，以行业的视野报道神东，平台已吸引了17万名用户，让他们看到了一个更加自信的神东。这些留言和用户量的增长，充分证明了"图说神东"在传播神东声音、服务神东人民方面的巨大作用，也为平台的未来发展提供了强有力支持。

"必须把政治方向摆在第一位，牢牢坚持党性原则，牢牢坚持马克思主义新闻观，牢牢坚持正确舆论导向，牢牢坚持正面宣传为主。"习近平总书记在党的新闻舆论工作座谈会上的重要论述，为新时代党的新闻舆论工作提供了根本遵循，也为企业媒体指明了前进方向。

使命在肩，初心不忘。以"图说神东"为代表的神东融媒体矩阵，将不断拓展移动互联网宣传舆论阵地，引领和推动媒体深度融合发展。我们致力于持续扩大主流价值影响力版图，让正能量更强劲、主旋律更高昂，为公司高质量发展贡献新媒体力量。

撰写人：何芳

点评

　　打通"报、网、端、微、屏"各种资源、实现全媒体传播是打造融媒体的使命所在。"图说神东"作为能源企业最具传播力的融媒体代表之一，在传播内容上注重"颜值"和"言值"并重，在功能定位上注重"新媒体+服务"融合，在传播方式上借鉴"爆款""圈粉"思维，塑造了一个具有时尚基因的主流价值传播平台，成为神东人的今日头条、每日限定。

一字一词　一年图景

"要努力从中华民族世世代代形成和积累的优秀传统文化中汲取营养和智慧，延续文化基因，萃取思想精华，展现精神魅力。"

——习近平

在全面建设社会主义现代化国家新征程上，把优秀传统文化的精神标识提炼出来、展示出来，向煤炭行业、全国乃至世界推介更多具有煤炭行业特色、体现煤炭人精神、蕴含煤企智慧的优秀文化，让煤炭行业及煤炭人更加自信、阔步向前。作为我国首个2亿吨级煤炭生产基地，神东深耕人文沃土，主动承担起文化传播的使命责任，不断加强企业文化建设，用文化聚人心、激活力、促发展。

图为"图说神东"微信公众号2022年神东年度汉字征集活动宣传海报

随着神东的发展，新闻中心也在积极创新文化传播方式，不断提升新闻宣传水平，充分展示公司发展成就，以强大的主流思想舆论统一思想、凝聚力量、提振信心。从2015年开始，新闻中心组织发起"神东年度汉字评选活动"，借助年度汉字评选活动，讲好神东故事，传播好矿区声音，展现煤企好形象。活动至今已连续举办8届，用一个汉字、一个热词梳理神东年度热点、集纳员工共鸣，记录员工的关注、发展的神东、时代的变迁，为神东留下醒目的年度标记。

一字一词，历史的记录

脚步丈量不到的地方，文字可以。一个字，折射一变迁；一个词，浓缩一年度。

神东年度汉字评选从开始征集到评委初选确定10大年度候选汉字热词，再到网络投票评选，一字一词最终在网络投票中脱颖而出，成为神东人心目中的年度汉字和热词。每届当选年度汉字热词及其推荐人都会在"图说神东"微信公众平台发布，活动对推荐人、参与者、热情留言的粉丝给予奖励。多年来，每届活动都收获了热心粉丝的积极参与和热议，其中不乏连续多年参与的忠实粉丝。

智能技术中心的贺亚飞就是"图说神东"的忠实粉丝之一。2015年首届神东年度汉字评选活动，他是汉字"稳"的推荐者；2016年，他推荐的"做"入选10大候选汉字热词，他热情留言："祝愿公司在煤炭企业稳做老大。'做'又名'作'，我们公司作为世界煤炭企业的领跑者，必须有作为老大的法宝，即神东创领文化和合格的共产党。"2022年，贺亚飞推荐的"安、智"再次入围候选汉字。他说："首届汉字评选活动时我还是入企不久的新兵，转眼8年时间，看着公司一年比一年好，年年都有八方学子加入，和自己一样在这里成家立业，投身煤炭事业，每一年的汉字热词都凝结着公司的奋斗历程和大家的情感认同，给我们留下了珍贵纪念。"

同贺亚飞一样有着太多感触的留言在"图说神东"后台爆屏：

"安全为天，稳中求进，大神东必将乘风破浪，锐意进取。我等职工必将腰包鼓鼓，幸福安康。"

"总觉得一个字，一个词不足以概括总结我大神东呢。祝愿神东越来越好！"

"真抓实干，干出成绩。企业越来越好，干劲越来越足。"

"民，今年神东煤炭各项民生工程件件暖到百姓心窝里，桥通了，各路公交车跑上了，新学校投入使用了，等等。"

…………

从首届到现在，推荐汉字热词的粉丝参与度逐年递增。2015年首届年度汉字评选活动共征集到汉字热词162个，800多名粉丝参与；2017年征集到361个，2.7万多名粉丝参与，微信阅读量达到11.4万次；2018年参与活动的粉丝超过3.3万名。截至目前，8届神东年度汉字评选共征集到汉字热词5000多个，活动累计吸引超过10万名粉丝的热情参与。

一字一词，和谐的美景

刚过去的2022年，神东全面落实"疫情要防住、经济要稳住、发展要安全"要求，有效统筹疫情防控和安全发展，各单位为员工发放防疫物资，以更加细致温暖的措施，全力以赴做好疫情防控和民生保障工作。这一年，3万多名神东人牢记"国之大者"，始终共同坚守，圆满完成重要时期煤炭保供任务；这一年，"防、担当"当选神东年度汉字、热词，"图说神东"微信后台迎来广泛好评。

图为2022年神东年度热词"担当"

回顾2021年，"超级煤矿"牵手"超级军团"，13个矿井应用5G技术，全力以赴实现无人采煤的"煤炭梦"；神东更是自我加压、自我革新，在各方面"开新局"，公寓维修改造、小区道路、停车场维修等一系列民生工程，让员工体会到实实在在的"温暖"。微信后台留言"作为一名神东老员工，入企至今，公司发展我们有目共睹，给我最深的感受就是一个'暖'字。为保供，神东人齐心协力，没日没夜地奋斗着，牺牲小家，而暖了'大家'；一件件一桩桩的暖心事温暖着每一位神东人，让背井离乡的外地人有了家的感觉，也让踏踏实实的煤炭人如此热爱神东，是因为神东真的'暖'到了我们！"这一年，对于一些人来说格外温暖；这一年，通过新闻中心电视、网络、新媒体全平台矩阵式传播，年度汉字"暖"在人们心里留下了最美年景。

2020年对于我们国家、企业还是个人来说，都是极不平凡的一年。面对突如其来的新冠疫情，神东坚决贯彻落实党中央、国务院和集团决策部署，从生产一线到后勤战线，全体党员干部群众一如既往想在一起、干在一起，以神东人特有的奋斗姿态，保住了能源稳定供应，保住了员工生命健康，保住了企业健康发展。抗疫保供、助力扶贫、小区道路维修等，彰显出神东煤炭对国家、社会、员工的央企责任。年度汉字热词"保、责任"为这一年烙上最值得骄傲的印记。

一字一词一平台成为神东和员工、家属及图粉的情感联系，折射出政策通达、信心更足的矿区美景，也赋予汉字丰厚寓意。

连续8年、累计10万名粉丝踊跃参与，通过公众推荐、网络投票、专家评议等方式来推选出支持率最高的年度汉字，充分调动了神东员工群众及矿区各界的参与热情，收到良好社会反响，也为"图说神东"微信这一矿区第一综合资讯平台带来用户和流量的双丰收。目前，"图说神东"微信公众号拥有粉丝超过17万名，被评为"能源行业最佳微信互动平台""能源企业百强微信公众号"。

一字一词，奋进的底色

神东年度汉字评选活动之所以能够吸引这么多人参与其中，这源于广大员工和家属对于他们为之奋斗的神东的热爱，他们中既有"80后""90后""00后"的热血青年，也有"50后""60后""70后"级的中坚力量，神东有他们的家和未来的希望；这源于广大粉丝对于2亿吨煤都的追随和青睐，他们中有的希望加入，有的已经是煤三代，神东有他们的根和传承的血脉；一笔一画倾心血注情怀，一字一词暖人心、强信心。

"神东年度汉字评选活动"借汉字的言简意赅，以美丽的汉语来评点新征程上不断前行的神东，更加鲜明地展现出神东故事及其背后的思想力量和精神力量，为广大员工群众提供了强大的精神养分。

几年来，新闻中心牢固树立"新闻宣传也出生产力"的理念，不断创新宣传的形式、丰富宣传的载体，采用文字、声音、影像、动画、网页等多种媒体表现手段，加强全媒体时代优秀传统文化的传播，以文化滋养新闻实践，以精品奉献员工群众，提振了公司上下新的赶考之路上的精神力量，擦亮了神东踔厉奋发的奋进底色。

一字一词，一往情深。神东年度汉字如同一块块方砖，排在满满的一页纸上，就像砌的一面墙，撑起农家小院，也撑起煤海巨轮；热词好似一扇扇窗户，透出领航者的远大目光，也透出矿区百姓的纯真挚爱。

一字一词，一笔情长。神东汉字热词架起神东上下连心桥，在百里煤海播种下闪光的种子，岁岁年年开采光明，也收获了这人生中的美好景象。

撰写人：李霞

点评

中国的汉字博大精深，汉字的历史源远流长，近年来年度汉字评选活动在亚洲逐渐兴起。2015年至今，新闻中心已经组织了8届"年度汉字评选活动"，通过活动讲好神东故事，传播好矿区声音，展现煤企好形象。活动至今共征集到汉字热词5000多个，累计吸引超过10万名粉丝的热情参与，从2015年的"稳"字到2022年的"安"和"智"，神东年度汉字陪伴神东人一起走过时代变迁，一笔一画倾心血注情怀，擦亮了神东踔厉奋发的奋进底色。

神东微电影 小故事走上大荧幕

"文艺创作不仅要有当代生活的底蕴，而且要有文化传统的血脉。"

——习近平

在回家的路上，奶奶跟张博洋讲起了他爷爷、爸爸当矿工时的经历，他们上班走了，自己的心也跟着走了，担心了一辈子，奶奶想不通，张博洋明明有其他的选择，为什么还要留下当矿工。张博洋明白奶奶的担心，但是作为煤三代，他觉得自己身上背负着一种使命。爷爷是参与煤矿开发建设的开拓者，爸爸是现代化煤矿的建设者，而自己势必要再往前走一步，成为智能矿山建设的生力军。

这是微电影《三代矿工情》里的一个片段，33秒的长镜头里，面对大段的台词，两位来自于神东基层单位的非专业演员面对镜头表情自然地一次性完成了表演。这是意料之外的惊喜，却也在情理之中。近年来，公司对于如何讲好神东故事、传播好神东声音有了新的、更深刻的思考，通过充分挖掘神东精神，新闻中心产出了很多部题材丰富的微电影，也形成了成熟的拍摄机制，从剧本撰写、演员选择、拍摄取景到后期制作，都建立了完善的流程体系，为高质量的微电影制作和高品质的文化输出提供了保障。

是剧中人，也是剧作者

人民既是历史的创造者、也是历史的见证者。党的十八大以来，中华民族迎来了从站起来、富起来到强起来的伟大飞跃。伴随着国家发展，能源产业也迎来新的发展时期。从建立大型煤炭生产基地到建成现代化煤炭企业再到建设智能矿山新征程，30多年的发展建设中，神东积攒下了丰富的创作素材和精神内涵，也形成了正向积极、宽松踊跃的创作环境。

与《三代矿工情》一样，新闻中心微电影剧本写作是完全根据发生在神东矿工身上的真实故事改编，编剧凭借多年的矿井采访经验和大量走访调查，真实还原矿工在煤矿工作、生活的不同经历，反映出他们对煤矿的不同情感，不论是归属感、责任感还是使命感，每个角色身上的困惑与坚毅、苦难与幸福，都能折射出不同时代的矿工群像和情感。所以，虽然每部微电影都选用非专业的演员，但是他们每一个人都来自于煤矿，他们或是参与大型煤炭生产基地建设的开拓者，或是推动煤矿现代化发展的建设者，抑或是助力煤矿绿色智能高质量发展的奋进者，他们都深切参与、经历过神东的发展变化，能够对电影本身承载的价值、情感感同身受。

微电影《三代矿工情》剧照

来源：国能神东煤炭新闻中心

为了最大化地还原人物情感，所有剧本定稿后也不是一成不变的，在拍摄过程中，编剧会积极与演员交流沟通，分析角色的心路历程和人物形象，并根据演员的语言习惯，灵活调整台词内容，增加细节的精致度，保留演员下意识的行为动作，让演员走进角色内心，让角色更适合演员，也让剧本更贴近生活、贴近真实。在真实的故事、真实的经历和真实的感受下，神东的微电影不仅走到了演员心里，更走到了观众心里，也诞生了《智慧之光》《寻找好人》《煤海逐梦人》等脍炙人口的微电影。

有阳春白雪，也有下里巴人

神东是我国首个两亿吨煤炭生产基地，这里以煤为生，也靠煤振兴。三十多年的发展中，这里建成了大型现代化矿井群，建成了闻名遐迩的煤海绿洲，也建成了人文和谐的幸福矿区。这里有矿井一线的朴素工人、沙漠边缘饱经风沙的种树人和公园里跳舞练剑的幸福居民，也有一代又一代产业工人能源报国的精神传承、敢叫沙漠换新颜的绿色执念和大辟天下"寒士"尽欢颜的幸福矿工梦。无论是这些小我的动人故事，还是大我的家国情怀，这些种种都被记录到微电影中，从而诞生了《三代矿工情》《寻找荒漠》《相约心桥》等令人动容的微电影作品。

讲好神东故事，重要的不仅是挖掘故事本身的价值，更重要的是有会讲故事的人。本着思想性、艺术性、观赏性有机统一的原则，新闻中心打造了专业的微电影创作团队，在前期拍摄和后期制作上有着严格的要求和精巧的构思。

在微电影拍摄过程中，摄影团队十分重视画面的感染力和表现力，精心选取和设计能代表时代发展变化以及人物内心情感波动的关键性场景。在《三代矿工情》拍摄过程中，摄影团队将开篇画面选在了神东"绿水青山就是金山银山"布尔台实践创新基地，通过拍摄采空区上一望无际的光伏板和郁郁葱葱的植被，向观众展现新时代的矿区，体现当下神东绿色转型的发展理念。后续剧情中也分别向观众展现了张家第一代、第二代和第三代矿工在矿井工作的照片、视频，通过三代人的工作场景、衣着神态的对比，反映三代矿工的不同使命，将国家富强、企业发展与个人命运串联在一起。在最动人的浴室戏份拍摄中，创作团队也有很多巧思，在父子之间的矛盾没有化解前，浴室中雾气缭绕，父子身影隐约可见，随着矛盾化解，雾气散去，父子身影清晰可见。

在强大的后期制作团队助力下，这些制作精良的微电影一经上映便获得广泛关注，不仅集中展示了神东人特别能吃苦、特别能战斗、特别能奉献、特别能创新的精神境界，也大力弘扬了神东的劳模精神、劳动精神、工匠精神，以高质量的宣传思想工作助力神东高质量发展、高价值创造、高品质生活。

不定于一尊，也不随俗浮沉

一个民族的复兴需要强大的物质力量，也需要强大的精神力量。矿工群体一直以来较少受到文艺领域的关注，但是，他们身上传承至今的奋斗精神，具有很高的宣传价值。面对深厚的精神文化内涵和需要关注、弘扬的文化诉求，新闻中心在微电影创作中创新大胆选用灵活新颖的表现方式讲述神东故事。

在编写微电影《寻找荒漠》初期，主创团队没有按照传统思路，以矿井里环保人的逐绿故事为切入点，而是创新的用剧组拍摄过程中找不到沙漠场景的故事引入，反向体现出生态环境的建设成果。虽然处处不强调绿色，但是却处处体现着绿色。

同时，在微电影的制作中新闻中心也没有一味地追随潮流，选用当下流行的"鲜肉"演员，而是围绕角色本身的定位，将目光投向从事与影片主题相关的普通工人身上，将重心放在挖掘故事本身的魅力上。主创团队需要从神东退休、在岗人员中广泛筛选适合的人选，经过多轮的筛选和面对面的详细交流，最终确定出形象、气质、形体最贴近角色的演员名单。在镜头剪辑中，影片也没有被当下快节奏的剪辑方式影响，大量采用了长镜头，徐徐渐进，情感铺垫到位，细节描述到位，形成回味悠长的情感激荡。

习近平总书记在文艺工作座谈会上强调："文艺创作不仅要有当代生活的底蕴，而且要有文化传统的血脉。"新闻中心的微电影创作将一直围绕着神东这片热土上的故事，用扎实有力的剧本构思、能力突出的主创团队和别具匠心的表达方式，持续探索讲好神东故事的新路径，寻找传播好神东声音的新引擎，打造好神东品牌的新形象，继续践行新闻宣传也是生产力的使命职责，为企业的文化传播注入新的精神源泉。

撰写人：郑虹 李晨露

点评

"电影是艺术也是生活"。神东微电影运用视频的模式，将神东精神、神东文化进行剧情化，通过独特的镜头运用和叙事表达，突破传统传播形式的呆板印象，成为神东企业文化传播的重要载体。通过《智慧之光》《寻找好人》《煤海逐梦人》等脍炙人口的微电影，神东文化不仅走到了演员心里，更走到了观众心里，以微电影助力神东高质量发展。

专题培训　为人才队伍"充电赋能"

"年轻干部是党和国家事业发展的希望，必须筑牢理想信念根基，守住拒腐防变防线，树立和践行正确政绩观，练就过硬本领，发扬担当和斗争精神，贯彻党的群众路线，锤炼对党忠诚的政治品格，树立不负人民的家国情怀，追求高尚纯粹的思想境界，为党和人民事业拼搏奉献，在新时代新征程上留下无悔的奋斗足迹。"

——习近平

"刚才王老师讲的龟兔赛跑2.0版真的是颠覆了我们之前对于这个寓言故事的认知啊，确实给咱们日常管理带来很多思考和启发！"

"是啊，你说咱们在日常工作中应该更加注重员工的工作态度呢还是更加看重他的工作能力呢？"

"我觉得如果不能德才兼备，那么工作态度更重要，能力可以慢慢培养嘛""我不太同意，我觉得如果不能两者兼并那么工作能力更重要，毕竟短期内咱们需要的是工作业绩……"

"我觉得这个故事给咱们最大的启发就是要善于把一个人潜在的能力转化为现实的能力，回去以后我准备使用贝尔宾博士的团队角色工具对我们部门员工进行测试，看看大家的性格特质和隐性特征是什么，以便人岗匹配，因材施教。"

"哈哈，李矿，你这就叫学以致用！"

"那是，既然学习了就要把学习的东西运用到实际工作中嘛。"

"哈哈，看来咱们这一趟培训真是没白来啊……"

这是神东副处级以上干部在大连高级经理学院参加完领导力提升课程课堂休息时讨论的一幕，课堂上活跃的体验式学习与课后热烈的讨论碰撞相得益彰，每个人脸上都洋溢着被知识滋养的兴奋和激动。培训结束后，大家纷纷反馈受益匪浅、不虚此行。培训主办方更是信心倍增、深受鼓舞。

图为2019年神东企业文化管理能力提升培训班

来源：国能神东煤炭企业文化中心

　　近年来，为了深入推进企业文化建设，神东对企业文化专业人才队伍培养有了更加深入系统的思考，也逐渐探索出一条分层分类为从业人员"充电赋能"的路子。带着学习提升的干劲，如今，这些人在各自的工作岗位奋楫前行、勇于探索，用实际行动推动文化理念宣贯，用工作成效推动文化落地践行，用岗位建功营造良好文化氛围，用昂扬斗志传承企业精神。

是领导，更是企业价值的坚定笃信者

　　如何将企业文化软实力转化为企业发展硬支撑？答案是领导先行，首先要抓企业每位领导者的文化自觉。领导是企业文化的重要塑造者和推动者，一言一行对企业文化的形成、落地起着至关重要的作用。领导重视并亲自参与文化建设，身体力行、以身示范，必将对文化建设工作起到很好的引领带动作用。

为了充分调动党员领导干部参与文化建设的积极性和创造性，在新时代赋予党员领导干部更崇高的使命和任务。神东将党员领导干部管理能力提升和文化素质培养作为重要任务，打通文化建设第一道关口。连续3年，分别在大连高级经理学院和厦门大学组织副处级以上党员领导干部企业文化能力提升专题培训，参培领导150人次，覆盖全公司60%以上副处级领导干部。为了保证培训质量，在培训前，神东主办单位就课程设计、教学安排、后勤保障等事项与合作学院深度沟通、精心安排；培训中，学员们认真参培、热烈讨论、富有激情的头脑风暴给大家带来思想碰撞；培训后积极分享、踊跃输出，在"文化神东"上推出多期领导感悟。参培领导分别从不同角度反馈，这两个学院课程设计科学合理，授课教师均为业内著名学者和教授，教学经验丰富，教学方法灵活，对领导干部拓宽工作思路、创新工作方式起到很好的促进作用。

"闻见广则聪明辟，胜友多而学易成。"享受着培训学习后的收获，沉浸于视野开阔后的滋养，洋溢着学业有成的喜悦，神东广大领导干部正在各自的领域迈出文化践行的坚定步伐，用他们的力量影响带动周围人共建正能量的文化场。

是主管，更是文化建设的忠实参与者

"陈树湘师长为了理想信念流尽最后一滴血，为了不受屈辱甘愿自断肝肠……"讲到这里，徐颖已经泣不成声，教室里从之前的静悄悄瞬间爆发出了热烈的掌声。这是2021年第一期企业文化主管人员培训的一幕。持续两天，4种不同的培训形式，让来自各单位的53名企业文化主管人员参加了一场专业知识培训，接受了一次生动鲜活的党史学习教育，参与了一次富有创意的共识营研讨交流，开展了一次和谐团队建设活动，形式多样、内容丰富，让大家意犹未尽、回味无穷。

图为2019年企业文化管理人员能力提升培训班现场

来源：国能神东煤炭企业文化中心

　　企业文化主管是文化建设的中坚力量，为了系统提升这支队伍的理论修养和文化素养，自2019年起，神东每年定期开展两期主管人员专题培训，打通文化建设第二道关口。目前已连续举办8期，覆盖500多人次，培训邀请公司内外文化建设领域专家和老师进行授课，内容涵盖传统文化讲座、安全文化创新实践、集团理念宣贯解读、文化践行路径探讨与思考等主题，创新采用理论授课、学员分享、研讨交流、文化共识营以及团建活动等多种"线上线下"相结合的形式，持续不断地为这支队伍"充电蓄能"。经过系统培训，这支队伍逐渐从稚嫩走向成熟，从陌生走向熟识，从文化建设"小白"成长为文化建设"大拿"，他们在工作中互通有无、相互借鉴、取长补短、共同提升，在本单位理念宣贯、阵地建设、文化传播、活动策划、案例提炼、经验总结以及与公司业务部门联动互动中发挥着重要作用。

　　"纸上得来终觉浅，绝知此事要躬行"。只有将学习的理论知识转化为指导实践、推动工作的思路和方法，转化为化解难题、突破瓶颈的能力和水平，才是行之有效的学习培训。这支经过理论武装、实践锻炼的队伍不管是现在还是将来，一定会继续为神东煤炭打造文化自信实践高地、提升企业品牌形象贡献青春的智慧与力量。

是员工，更是企业理念的深入传播者

"公司最新创作了一首《安全宣誓歌》，今天我们特意邀请到了企业文化中心的几位专业老师现场为我们教唱这首歌，来，大家一起站起来，举起右拳，开始跟唱：为了家人幸福我宣誓，坚守岗位不违章……"铿锵有力、气势十足的歌声从补连塔煤矿综采一队班前会现场传来，唱完歌的工人们顿时精神抖擞、能量十足，组织完活动的小石也是嘴角上扬、非常满意。他最近经常加班加点，但是好在每项工作都在平稳有序进行，因为文化阵地建设效果良好吸引很多兄弟单位前来对标学习，想到这些他又一次露出了羞涩的笑容。

在各单位有很多有像小石这样的人，他们是材料撰写者、是活动策划者、是资料整理者、是会议组织者、是制度起草者、是宣传报道者，也是理念传播者……他们一人多岗却能平衡有序，他们身兼数职却能统筹协调，他们辛苦付出却又无怨无悔。他们承担本单位区队、班组文化建设的职责，他们中的大部分人以前都从事技术工作，这份文化宣贯员的职责让他们又多接触了一个新领域多掌握了一些新技能，从与机器打交道转向与人打交道，从与数据报表打交道转向与员工思想打交道，这份工作性质的转变让他们感到新奇的同时也成就感倍增。他们用自己的实际行动传承着"艰苦奋斗、开拓务实、争创一流"的神东精神，同时将神东精神传递给更多人。其实神东的每位员工都是公司理念的价值倡导者和公司形象代言人，他们用实干、奉献、创新、争先的企业精神诠释着煤矿工人的责任与担当，书写着文化强企的使命与梦想。

党的二十大报告提出"科技是第一生产力、人才是第一资源、创新是第一动力"。启航新时代、奋进新征程，国有企业文化建设更需要一批有理想、有追求、有文化、有素质的专业人才队伍，为公司文化建设事业添砖加瓦，为公司夯实文化自信、繁荣文化事业提供坚强的人才保障，才能推动公司文化建设事业不断行稳致远、成果丰硕。

撰写人：赵晓蕊

为培养企业文化专业人才队伍的专题培训，分层分类，有的放矢。领导层面，开展领导干部企业文化能力提升专题培训，在碰撞交流中体会企业文化是领导的第一素养；主管层面开展企业文化理论与实践能力专题培训，在实战分享中成长为企业文化专家；文化宣传员层面则通过文化阵地建设专题培训，提升自身的组织能力。专题培训真正成为了企业文化人才队伍"学习加油站""能量补给点"。

多彩文化活动唱响安全主旋律

"文化的力量，或者我们称之为构成综合竞争力的文化软实力，总是'润物细无声'地融入经济力量、政治力量、社会力量之中，成为经济发展的'助推器'、政治文明的'导航灯'、社会和谐的'黏合剂'。"

——习近平

"为了家人安全我宣誓，遵守规程不违章；为了工友安全我宣誓，联保互保不伤害……生命至上，安全为天，牢记责任确保安全。"在神东第二届"安全有我、一站到底"安全知识擂台赛结束后，全体参赛人员集体传唱神东安全主题原创歌曲《安全宣誓歌》，用歌声牢记"我要安全"这份庄严的承诺。

图为《安全宣誓歌》MV截图

来源：国能神东煤炭新闻中心

《安全宣誓歌》由神东企业文化中心牵头创作，以各单位班前会安全誓词为主要内容。歌曲一经发布，就被各单位、区队、班组人员广泛传唱。用文艺唱安全是企业文化中心借用文化力量，助力企业安全生产的一个缩影。作为文化建设主责单位的企业文化中心，每年都会联合安监局开展系列安全文化宣教活动，营造安全生产良好氛围。

安全擂台赛

"以赛促学"是提升广大职工自主安全意识和能力的有效手段。2023年6月20日至21日，由企业文化中心、安监局联合主办的第二届"安全有我 一站到底"安全知识擂台赛激烈进行。比赛现场气氛紧张激烈，台上守擂、攻擂对阵双方"火药味"十足，大家互不相让、激烈交锋。台下积极准备的挑战者们不甘示弱，摩拳擦掌、跃跃欲试。参赛选手们冷静思考、认真作答，拼手速、拼脑力，充分展现了选手们对安全知识掌握和运用的熟练程度。最终，来自各单位推选的39名选手参赛，经过激烈比拼，最终洗选中心付强、寸草塔煤矿杨永峰、新能源科技公司吴海雷摘得各赛区总擂主。

为落实国家及两级公司关于全国"安全生产月"具体工作部署，积极贯彻公司安全发展理念，压实全员安全生产责任，深入宣传贯彻新安法知识，企业文化中心已连续组织两次安全知识擂台赛，旨在进一步丰富安全文化传播载体，拓展文化传播新路径，营造公司"学安全、讲安全、抓安全"的良好氛围。

亲情嘱安全

亲情是一个人心底最柔软的地方，是灵魂深处最温暖的羁绊。为让广大员工家属参与到安全管理中来，用亲情筑牢安全生产第二道防线。企业文化中心积极动员各单位采集来自员工家属的亲情美好瞬间、亲情寄语、安全家书等3分钟左右的亲情互动短视频，并择优在"文化神东"上分期展播。首期展播的上湾煤矿安全寄语，引起了众多职工家属的关注，获得了一致好评。

"这个视频我已经不知道看了多少遍了，一开始我是很反感拍这样的视频的。我们平时工作已经很累了，陪伴家人的时间不多，但是当我看到这个视频的时候，我才知道从小到大对我严厉的父亲也会露出小心翼翼的一面，这时我才更深刻地体会到他有多爱我。我不能辜负他对我的期望，我也要对我的家庭负责、安全，一定要安全，我不只是我自己，我还有我的家人。"上湾煤矿智能运维队刘斌在班前会小讲堂中分享自己的感受。

2023年以来，已经收到了公司20多家单位报送的亲情助力安全小视频，已陆续择优在"文化神东"微信公众号进行展播，互动关注近6000人次。

矿工说安全

如何让矿工自主做安全工作的主体，是安全文化传播中需要考虑的重点内容之一。为此，神东推出"矿工说安全"宣教活动，促进职工对岗位标准作业流程、危险源辨识、应急处置、职业健康等内容了解，以"实际、实用、实效"为原则，通过职工自导自演的方式将具体内容以剧本的方式演绎出来。同时，在拍摄过程中让职工都参与进来，共同分析讨论，指出不足，还可以提高大家学习的积极性。

活动开展以来，各单位员工积极响应，广泛参与。在矿里很多场所可以听到一个个剧情从无到有、从有到精，可以听到为了一个个脚本而激烈争吵……拍摄现场班长成了演员，矿灯成了灯光，技术员成了导演加编辑，这样的场景成了每个单位的日常。

"我从事矿井工作已经20年了，对所有的工作内容都已经有了本能反应，拍摄过程中从讨论剧情到现场拍摄到最后的剪辑视频我都参与其中，在这个过程中还是发现了自身在工作中的一些习惯性违章，也非常感谢有这次机会，可以近距离地把自身的经验和缺点都暴露出来。我会在今后的工作中更加注意安全，提升技能。也希望所有的新员工能够汲取我们的工作经验，早日成为'大拿'。"一位参与拍摄的职工跟我们分享他的拍摄过程。

"这种培训方式我喜欢，特别符合我这种'手机控'的'口味'，"矿工说安全"把我们日常工作中需要注意的安全要点、动作顺序及标准要求都标明了，学习起来既方便，又容易记忆，而且可以随时查看。"新入企上岗人员说道。

妙手画安全

漫画作为一种能够吸引人们注意力的重要艺术形式，在传播安全知识、安全文化中发挥着重要作用。"妙手画安全"活动鼓励各单位员工及家属将各类标准化作业流程、不安全行为警示教育、应急救援及培训等内容，以漫画的形式绘制出来，择优在"文化神东"上展播。以幽默诙谐的形式，展现日常生产中安全的重要性，使安全理念更深入人心。

在作品征集的过程中，得到了神东职工和家属的积极参与。大家用自己的画笔描绘出《职业病防治》《消防安全》《质量安全》《安全重于泰山》《上安全岗·做安全人》等一幅幅奇思妙想的创意画卷。安全的重要性、如何安全、不安全的危害等主题，在画作演绎下变得通俗易懂、栩栩如生。

文艺唱安全

为唱响安全生产主旋律，企业文化中心积极发挥文艺小分队和各单位文艺爱好者的力量，积极创研安全类原创歌曲、小品、情景剧，剪纸、书法等安全主题文化文艺作品。譬如《安全宣誓歌》一经推出，就得到各单位的积极响应，大家积极采取云端传唱、歌曲快闪、集体合唱等形式开展传唱推广活动，共同唱响"人民至上·生命至上"的主旋律。

谈到创作背景，企业文化中心文艺部主任李晓光说："这首歌的创作旨在深入学习贯彻落实习近平总书记关于安全生产重要论述，深入践行国家能源集团发展战略及神东安全理念，提升广大员工自主安全意识和能力。同时此次歌曲创作也是公司打造煤海'乌兰牧骑'文化品牌中的一项重点工作，希望能用文艺作品激发凝聚力量、为美好生活奋斗的热情和声势。"

动漫讲安全

"大家好，我是煤矿安全小卫士申申，我是煤矿安全小卫士东东，下面我们俩将带领大家一起学习煤矿安全行为指南……"呆萌可爱的造型，憨态可掬的表情，趣味夸张的动作，让人深思的行为……一部妙趣横生的煤矿安全动画短视频来了，为大家带来了不一样的安全科普教育。

图为企业文化中心推出的《矿井安全行为指南》动漫可视化作品截图

这部动画短视频共包括不可小觑的登高、不规范电气检修等10集内容，主要以公司近几年发生的有典型代表性的安全事故案例和矿井容易发生的高频次不安全行为为基础素材，以趣味化、生动化、显现化和直观化的传播形式，让传统的安全警示教育变得直观形象、有趣生动。同时通过创意的手法和生动的动画引导员工吸取事故教训、杜绝不安全行为、提高安全意识。

动漫作品发布后，各单位在井口、区队、车间、厂站、班组等安全生产一线以及食堂、宿舍、活动场馆等人员密集型场所，利用电子屏、电视、移动设备等传播载体对这部安全动画短视频进行循环展播。同时在安全例会、班前会、接班车、各类安全活动现场等进行深入传播推广。引导广大员工从生动、趣味、直观的安全动画中深刻吸取事故教训，提高安全意识，长鸣安全警钟。

安全管理永远在路上！下一步，企业文化中心将持续加强公司安全宣贯教育，丰富传播载体，拓展传播新路径，开展更加丰富多彩的宣教活动，营造浓厚的安全氛围，唱响安全主旋律。

撰写人：李捷

点评

文化要多彩，只靠专业人员往往上热下冷，只靠基层员工又容易毫无头绪。企业文化中心在安全文化活动中，既充分发挥了专业人员的引导作用，又让基层员工积极参与其中，融合创新，使相关活动真正触及了员工的内心，唤醒了员工的安全意识。

让更多"春天的故事"唱响在能源小镇上

"歌舞剧不仅是一种艺术，更是一种对生命的赞颂。"

——约瑟夫·兰科

"我最亲爱的矿工兄弟，你把青春献给祖国大地，你把漫漫长夜留给自己，却让光明照亮神州万里……"歌曲演奏完毕时，音符在空气中回荡，歌声在心中久久不散，时间仿佛在此刻静止，随后爆发出来的掌声如火山喷发，将现场的氛围推向高潮。2018年，神东煤炭原创歌舞情景剧《矿工兄弟》，登上了国资委宣传局、北京卫视联合举办的《放歌新时代——中央企业音乐作品特别节目》的舞台，获得了观众和导演的一致好评。"你们的作品也许不是所有作品中艺术水平最高的，却是所有作品中表现最真实的……"在录制现场，节目组导演对节目《矿工兄弟》给予了高度评价。

图为神东原创歌舞情景剧《矿工兄弟》走进北京卫视

来源：北京电视台

该作品荣获2016年国务院国资委主办的中央企业"国企好声音"优秀奖、2019年中国煤矿文化艺术联合会主办的"中国煤矿艺术节"比赛优秀煤矿题材原创歌曲奖，2022年中国文化管理协会"第九届最美企业之声"金奖代言作品，并多次在神东主题文艺演出中展演。

一个值得被歌颂的群体

"艺术来源于工作，来源于生活，才能真切和感人。"谈到《矿工兄弟》的创作过程，企业文化中心文艺部主任李晓光深有感触。"当时我们到矿井采风，随着光圈缩小，在黑暗中可以看到闪烁的光线，听着有节奏的煤机声，仿佛来到了一个充满神秘魅力的全新世界。深入煤矿井下，可以看到勤劳的煤矿工人，脸上洋溢着坚毅和执着的表情，让人感到油然钦佩，他们的眼睛里透出坚定的光芒。低调的神东人在偏远的大漠把自己的青春奉献给煤矿开采事业，我觉得这个集体非常值得被歌颂。我当时就在想，一定要创作一首歌，展现这群人苦干实干、砥砺奋进的精神风貌，用艺术的方式唱响神东人爱党爱国、积极向上的良好形象。"提到歌曲的创作灵感，李晓光老师如是说。

汗水铺就圆梦之路

2018年，收到北京卫视节目组邀请，神东参与了中央企业风采展示特别节目录制"放歌新时代"的录制。考虑到歌曲的表现角度比较单一，企业文化中心文艺部决定采用舞台剧的形式，通过立体画面让大家了解歌曲所表达的精神，展现矿工形象。舞台剧不仅能够丰富观众的感官体验，还能让观众更加深刻地理解歌曲所表达的精神。为了保证舞台剧的效果，文艺部组织了一系列排练工作，演员都来自周边矿区职工和家属，很多人白天来排练，晚上加班完成本职工作。

图为神东原创歌舞情景剧《矿工兄弟》在北京卫视录制现场

来源：北京电视台

　　在《矿工兄弟》排练的那段时间里，演员们付出的不仅仅是汗水和辛劳，还有来自工作和家庭的双重压力。"我们都必须投入大量的时间和精力，进行反复排练和修改，这让我们感到身心疲惫。同时，我们还要处理好家庭关系，这可能会给我们带来一些矛盾和困扰。"一名参演《矿工兄弟》的员工说，"我们必须在家庭、工作和排练之间找到平衡，并尽最大努力将排练纳入日程表中。"他的情况，是演员们面临的普遍问题。排练过程中，演员们不仅要通过舞蹈、音乐、声音等多种元素展现矿工的形象，还要准确地把握剧本中每一个角色的性格特点和情感变化。

　　对于《矿工兄弟》的演员们来说，每一次排练都是一次自我挑战和成长的机会，需要克服许多困难和障碍。就这样，在辛苦与快乐相伴的时光中，《矿工兄弟》的雏形一点一点呈现出来。演员们说："只要我们努力和坚持，最终一定能够找到平衡点，完成我们的梦想，展现出最好的矿工形象。"能够代表神东参加北京卫视的节目录制，大家心中有着满满的自豪感，每个人都在不断成长，每个人都用自己的实际行动诠释着对神东的热爱。

回响一线的文艺歌曲

煤矿这个行业、煤矿工人这个群体是值得大家去尊重、给予鲜花和掌声的。把他们形象真实展现出来，让社会更关注这个群体，关注才能让这个职业良性发展，这是神东企业文艺歌曲创作的初衷。《矿工兄弟》只是神东诸多原创歌曲中具有代表性的一个，除此之外，神东还有《神东精神代代传》《我们出发》《煤海启航再出发》等多首有筋骨、有温度、有生命力的原创歌曲，被编排为歌舞剧等形式，在神东各个单位经久传唱。这些歌曲不仅仅是一种娱乐方式，更是一束强大的精神力量，能够激发劳动者们的热情和斗志。

在神东这片神秘而充满挑战的热土上，可爱的矿工兄弟们默默承担着自己的责任，这里有一份强大的生命力，有一种不能言说的勇气。让我们唱起萦绕心头的歌谣，让更多"春天的故事"唱响在能源小镇。

撰写人：马健雅　李晓光

点评

"乐者，通论理者也，致乐以治心"。音乐生于人心，企业歌曲更能激励员工士气，增强凝聚力和弘扬企业精神。艺术来源于工作与生活，通过《矿工兄弟》《神东精神代代传》《煤海启航再出发》等脍炙人口的歌曲传唱，在丰富基层职工群众娱乐生活的同时，为企业经营生产注入强大精神力量，激发劳动者的热情和斗志。

纸短情长　　剪出多彩生活

"剪纸是一种特殊的艺术形式，它不仅反映了人们的生活和文化传统，而且还传递了一种深刻的思想和情感。"

——徐悲鸿

2019年6月16日，由企业文化中心创作团队精心创研出的创领文化主题剪纸作品《托物寄语 筑梦神东》惊艳出炉。这套剪纸文化作品将写实与意象相结合，以"责任、安全、效能、执行、成本、纪律"六条员工行为守则为主线，以国旗红、党徽金、典雅黑为主色调，用传统剪纸语言和艺术手法，将神东人的生产、生活画面与传统剪纸艺术的意象符号融为一体，深刻诠释员工行为守则内涵，绘制出全体神东人奋进新征程、共筑神东梦的美好画卷。

当文化遇上剪纸

《托物寄语　筑梦神东》从策划、设计、制作、编印，历经600天时间。创作团队在此期间数易其稿，每一个环节都精雕细琢、精益求精，经过不懈努力，将"神东剪纸"打磨成一张充满正能量的文化"名片"，这张名片在传承中华优秀传统文化的同时，讲述着神东故事，展现着神东形象，凝聚着神东人的奉献精神，更点燃着神东人的奋斗激情。

企业文化中心成立以来，一直就如何创作出有筋骨、有温度、有生命力的文化精品，推动神东企业文化理念践行落地持续开展实践和创新，而以文化精品促进文化聚力，是中心全体员工努力的方向之一。中心主任韩浩波说："通过一个文化产品来诠释创领文化内涵，让员工认知认同我们的文化，从而践行文化，用文化指导行为，这是一件很有价值的事情。"在打造文化精品的过程中，《托物寄语　筑梦神东》

是一次的大胆创新尝试。除此之外，企业文化中心还先后推出《神东记忆》《神奇的煤炭》等多幅剪纸作品，期间虽然遇到了不少困难和挑战，但最终取得了令人满意的效果。通过剪纸艺术将传统文化与现代企业文化相融合，用写实和意象相结合来表现企业文化，这是一次尝试，也是一种创新。

图为《托物寄语 筑梦神东》原创剪纸文化作品

剪纸文化传承

说起神东剪纸文化传承，还得从神东的"金剪子"，非物质文化遗产剪纸传承人李淑琴说起。李淑琴是土生土长的山西人，从14岁起便开始学习制作手工纸、剪纸等多种传统手工艺。2007年，她来到神东工作，每逢工作之余她就会拿出剪刀和纸张，沉浸在剪纸的世界里。通过不断的努力和练习，李淑琴逐渐掌握了剪纸的技巧，形成了自己的风格，在剪纸艺术领域开始小有名气。2014年7月，她被授予"神东民间艺术大师"称号。

图为李淑琴老师正在剪纸

来源：国能神东煤炭企业文化中心

　　"我非常喜欢剪纸，就想着能把它传承下去，但由于工作原因去不了安塞，于是我想到了在公司的图书室开剪纸课。因为有这样一个好条件，我便在图书室开设起了剪纸班。一开始，学生们对剪纸的学习兴趣不大，所以我只能从最基础的教起。"就这样，李淑琴坚持每年举办一期剪纸班。"公司提供这么好的条件，我愿意把这些经验传授给更多人。"2017年底，公司为李淑琴开设工作室，她也调入企业文化中心，专门从事起剪纸创作、传承工作。通过公司搭建的平台，她将自己多年的剪纸技艺传授给徒弟，并在公司举办的"神东非物质文化遗产剪纸展"上展出。

　　在她的带领下，员工们也纷纷加入剪纸传承队伍中来，截至2022年，神东已经举办5期剪纸培训班，培训业余剪纸爱好人员近120名，学员的抗疫、弘扬优秀传统文化等主题作品多次在神东、集团、地方等媒体上展出。通过将剪纸艺术品作为企业文化展示的一部分，向外界传达企业的理念、文化和价值观，让员工和社会更好地了解神东，对神东精神的传承起到不可忽视的作用。

图为剪纸公益培训课堂

来源：国能神东煤炭企业文化中心

剪纸文化交流

随着越来越多的剪纸艺术作品获得成功，神东将系列作品汇编成册，陆续出版了《神奇煤炭》《神东记忆》等神东剪纸系列作品，这些剪纸艺术作品以独特的艺术表现形式和浓郁的文化底蕴，吸引了社会各界人士越来越多的关注和欣赏。神东发行的剪纸艺术作品除具有艺术价值外，也在传承和弘扬中华优秀传统文化，也向人们展示了神东文化的独特魅力，促进了文化交流和理解。除此之外，神东还成功地举办了"艺林传承、情系神东"等剪纸文化展览活动，这些交流展览不仅加强了神东矿区职工和当地居民之间的联系，也为剪纸文化的发展注入新的活力。

"剪纸是中华优秀传统文化的瑰宝，我会持续投入在自己热爱的剪纸艺术中，创作更多的剪纸文化产品，在弘扬中华优秀传统文化上发挥自己的价值。"李淑琴说。今后，企业文化中心也将继续探索创新，让更多的人加入到剪纸团队中来，将传统剪纸语言和艺术手法巧妙结合，托物寄语，筑梦神东。同时也让更多群众认识和了解剪纸艺术，了解神东文化所代表的价值观和精神内核，让神东剪纸的文化名片更加响亮，更好地向外界展示神东文化的魅力。

撰写人：马健雅

点评

郭沫若先生曾评价剪纸艺术："一剪之趣夺神功，美在人间永不朽"。神东通过将剪纸这种传统文化与现代企业文化相结合，用写实和意象的手法来讲述神东故事，展现神东形象，以一种全新的形式把剪纸这种文化产品打造成为神东的靓丽名片，让员工和社会更好地了解神东价值观和精神内核，点燃神东人的奋斗激情。

创意铁艺　钢铁美学承载红色情怀

"艺术，是人类最崇高的使命，因为艺术是要锻炼人自己了解世界并使别人了解世界。"

————罗丹

在落日的余晖下，手里的一片"赤诚"与远处的摩天轮相互遥望着，仿佛看到眼里的金色闪烁……

这是在庆祝中国共产党成立100周年时，展现在神东矿区的场景，让人印象深刻。

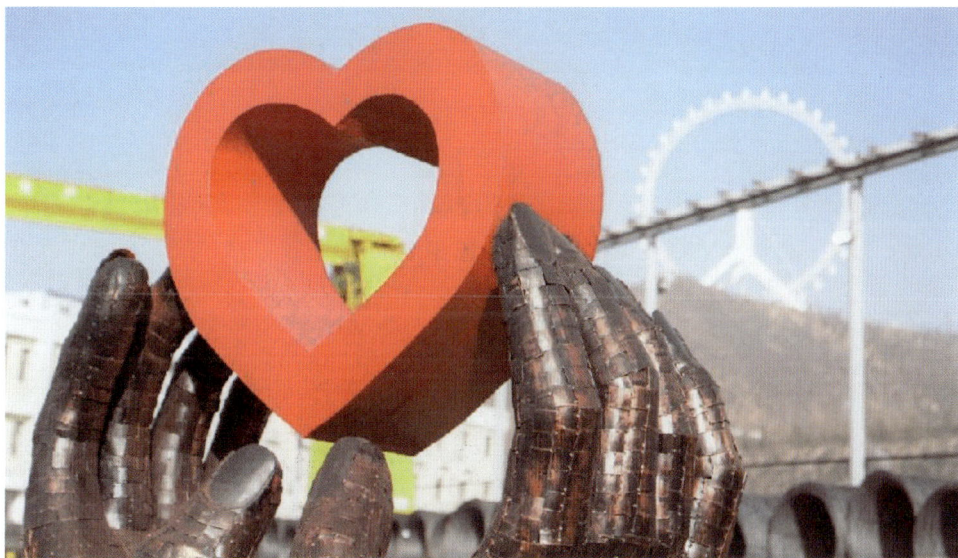

图为设备维修中心维修三厂铁艺作品《鼎力同心》

来源：国能神东煤炭设备维修中心

铁艺是神东很多单位利用废旧物料、零部件、工器具等，通过钏焊、机加工等方式，制作的一件件惟妙惟肖、鬼斧神工的铁艺之作，蕴含的美学价值和人文价值在提倡返璞归真、崇尚健康、注重环保的时代，神东人将自己高超的智慧和娴熟的技术结合恰到好处，诠释了一代又一代神东人勤劳勇敢、艰苦奋斗的创业精神，在设备维修中心等单位具有广泛的影响力。

近年来，神东各单位纷纷将铁艺和党建文化宣传结合起来，形成了神东靓丽的红色风景线。

红色铁艺显匠心，激发干事创业热情

2021年11月15日，设备维修中心维修三厂围绕庆祝中国共产党成立100周年，历时3个月精心制作的11件红色铁艺作品在厂区亮相，成为该厂一道靓丽的风景线。

走进厂区，随处可感受到浓厚的红色氛围，每到一处，让人不由得驻足观赏，每件作品都独具匠心，令人赞叹不已。

图为设备维修中心办公大楼前铁艺作品《永远跟党走》

来源：国能神东煤炭设备维修中心

此次铁艺分为启程、奋进、神东梦三个主题。"启程"以庄重、肃穆为基调，整体设计布局方面突出红色文化，以人物雕塑、重大时刻场景等内容突出红色精神内涵。"奋进"以现代感、活力感为基调，设计中尽量采用现代形式元素，结合新材料、新工艺，使铁艺雕塑作品充满时代感。"神东梦"以体现神东精神、神东核心价值观为基调，以神东一流党建引领一流企业高质量发展为主题，体现神东落实"五大发展理念"和"社会主义是干出来的"伟大号召，凸显神东开发建设以来，在安全生产、科技创新、生态文明、绿色低碳、智能发展等领域所坚持的先进理念和取得的重要成绩。

"这11件红色铁艺作品，充分展示了我们党员在党的带领下干事创业的热情。弘扬我们党的光荣传统，传递了正能量。"设备维修中心维修三厂综合办主任崔峰这样解读这些铁艺作品。

红色铁艺制作是维修三厂在庆祝中国共产党成立100周年之际，积极推动厂里"双增双节"节约文化建设，鼓励员工发挥创意的一项活动，活动的制作材料均取自车间废旧边角料，达到了变废为宝的效果。同时，该厂还邀请专业评委对铁艺作品进行评选，对优秀作品分别进行表彰和奖励。

铁艺弘扬"红色力量"，打造高标准党建活动阵地

"1921年，中国共产党一大在浙江嘉兴南湖闭幕，庄严宣告中国共产党的诞生。

"井冈山是中国革命的摇篮，中国共产党创建的第一个农村革命根据地。

"1934年到1936年，红军二万五千里长征是整个人类战争史上的伟大奇迹……"

走进设备管理中心，几座色彩鲜艳、体型巨大的铁艺映入眼帘。在湛蓝的天空下，铁艺沐浴在阳光中，春风拂动着路边嫩绿色的树枝，和这些红色造型交相辉映。现在，这里已经成为该中心党员和群众的"打卡地"以及"教育基地"。

这组铁艺以"不忘初心、牢记使命"为主题，均使用废旧材料制成。铁艺共有6组，分别以红船精神、井冈山精神、长征精神、延安精神、中国人民站起来了、中国梦命名，从左到右用时间的脉络展示了中国共产党的光辉历程。

图为设备管理中心铁艺作品《井冈山》

来源：国能神东煤炭设备管理中心

设备管理中心党政办主任说："现如今，我们单位的员工和物资供应中心的员工们都会利用周末时间，带着孩子来这里接受红色教育。"

设备管理中心在扎实建设全面进步、全面过硬的基层党组织的基础上，更加注重在文化建设中注入"红色力量"。2019年下半年，该中心精心打造了"红色铁艺""党建活动室""企业文化走廊"三块特色阵地，在改善办公环境的同时，让党员群众在工作中都能受到党建文化的熏陶。

一墙一文化，一画一风景，"红色铁艺""党建活动室""企业文化走廊"三块特色阵地，架起了党群之间的"连心桥"，让设备管理中心的党员群众每路过此处，都能感受到一次党建文化的熏陶。

矿工自制铁艺作品，打造井下红色阵地

神东的红色铁艺还被布置到了井下。2021年8月，在大柳塔煤矿活鸡兔井22202综采工作面，一件出现在巷道的铁艺作品格外亮眼。

图为大柳塔煤矿活鸡兔井22202综采工作面铁艺作品"扬帆起航"

来源：国能神东煤炭新闻中心

这个铁艺作品名为"扬帆起航"。作品长约2.8米、高约2米，是该矿综采二队员工利用废钢板、废钢管等材料制作而成。船头两张帆，前面大帆代表党的引领，后面小帆代表公司紧紧跟随，彰显了神东坚定跟党走，乘风破浪、扬帆远航的勇气和魄力。船底标语"幸福都是奋斗出来的"，船两侧浪花朵朵，海鸥翩翩，寓意综采二队全体员工像水和海鸥一样，万众一心、众志成城，助力神东目标和使命的达成，并实现自己的人生理想。"通过全员参与制作这个铁艺作品，既能装点工作面的环境，又可以宣传党建知识，不断提升党建活力，打造井下红色阵地。"该矿综采二队的张玄磊介绍。

撰写人：肖勇　惠娟　吴光丽　杜莉

📝 **点评**

精良钢铁做成的机械设备是神东人工作的好伙伴，废弃钢铁做成的铁艺则成为神东人表达情感的载体；红色文化是神东人的精神源泉，代表奋斗精神和远大理想。触目可见的红色铁艺，让红色文化融入日常工作和生活中，诠释了神东人的红色情怀，也展示了神东人对事业和国家的真诚热爱。

德耀神东 礼赞模范

"全国道德模范体现了热爱祖国、奉献人民的家国情怀，自强不息、砥砺前行的奋斗精神，积极进取、崇德向善的高尚情操。"

——习近平

德耀神东，礼赞模范。2023年8月25日下午，道德的传承——公司第四届道德模范颁奖典礼暨新入企大学生道德讲堂在文体中心举行。

舞台上，随着动人的旋律响起，公司第一届、第二届、第三届道德模范代表共同开启第四届道德模范颁奖典礼暨新入企大学生道德讲堂，随即大屏幕上画面定格"道德的传承"五个遒劲有力的大字。这一刻，全体神东人将接好道德模范的"接力棒"，为社会主义思想道德建设接力，以道德力量传承引领前进的步伐。

舞台下，公司广大职工群众与2023年新入企大学生代表齐聚一堂，共同见证公司第四届道德模范、最美矿工的揭晓，传承生生不息、引人向上向善的精神火炬。

图为神东第四届道德模范颁奖典礼暨新入企大学生道德讲堂

来源：国能神东煤炭新闻中心

平凡的善举感人至深，榜样的力量催人奋进。伴随着大屏幕播放的短片，映入眼帘的是一张张难以忘怀的面孔、一组组感人肺腑的画面、一个个温情脉脉的故事。

一个人做一件好事并不难，难的是坚持不懈将一件好事顺其自然地坚持了下来，让助人为乐成为一件自然而然的事——

在我国拥有Rh阴性血型的人仅占0.34%，这一血型因稀有而被称为"熊猫血"。献血就是救人，这种信念早在2015年就埋在了救护消防大队锦界中队救护队员高强的心中，7年多来，他献出了2000毫升血液，相当于1个成年人全身的血量，点亮了许多与他素不相识的稀有血型患者的生命之光。

何为见义勇为？有时它是身处险境敢于逆行的勇气。每一次为了生命的全力奔赴，都是对道德的生动诠释——

樊生荣，洗选中心补连塔选煤厂库房管理员。2020年7月2日，鄂尔多斯市东胜区佳美尚峰小区一管道井意外失火，楼道内浓烟滚滚，他不顾个人安危，提着灭火器勇闯火海，从5层至23层，先后完成19个着火点的灭火。灭火器用完后，又返回11楼家中，用床单被罩、衣物沾满水，覆盖到各个着火点，最终第一时间控制住火势蔓延，保护了人民群众的生命财产安全。

敬业奉献说起来简单，做起来却并不容易，其背后需要勤勤恳恳的付出与默默无闻的坚守——

大柳塔煤矿掘锚七队副队长王进忠已经坚守在采煤一线33年。当他遇到急难险重的任务时，总是冲锋在前，勇敢地承担起任务。几十年来，他凭着一种工匠精神和敬业态度用润物细无声的执着爱岗敬业、默默耕耘。

感人的故事还有很多——

布尔台煤矿智能化小组的廖志伟，他积极响应公司号召，撰写完成了近两万字的《布尔台煤矿智能矿山示范工程建设方案》，成为公司第一个智能化建设模板。

2011年入企的哈拉沟煤矿综采一队大学生智能化采煤班班长张亚峰，主动请缨深入煤矿一线，充分发挥高学历、高素质、高技术的优势，带领班组成员攻克生产技术难题20多项。

17年前洗选中心大柳塔选煤厂职工刘艳玲的爱人因意外事故不幸去世，那一年她29岁，女儿6岁。她用柔弱之躯扛起责任，孝敬公婆、培养女儿，完成爱人未完成的心愿，尽他未尽到的孝道。

每个熠熠闪光的道德模范事迹，都让人心生感动。而感动，足以穿越时空，记录时代，彰显道德的力量、接受道德的洗礼、完成道德的升华、注重道德的传承。

党的十八大以来，以习近平同志为核心的党中央，高度重视社会主义思想道德建设，关心关爱道德模范，对加强立德树人、以文化人等各项工作作出一系列重要指示，对表彰道德模范、开展学习宣传道德模范活动等提出明确要求，推动社会主义思想道德建设在新时代展现新气象、取得新成就。

春风化雨，润泽人心。多年来，公司坚决贯彻习近平总书记重要指示精神，结合神东精神，大力将一线矿工群体、道德模范群体、好人群体的精神挖掘、传播、升华、传承，形成神东特有的精神图谱，以此来教育引导广大职工群众见贤思齐，把榜样的力量转化为自觉践行道德实践的能力。

在刚刚过去的2022年度"两优一先"暨"社会主义是干出来的"岗位建功行动表彰会上，公司再次部署了传承神东精神、弘扬神东文化的相关工作。"自1984年开发建设以来，公司历经39年的改革发展，从弱到强、从小到大、从落后到领先领跑，为保障国家能源安全、促进经济社会发展作出了积极贡献，同时也孕育形成了'艰苦奋斗，开拓务实，争创一流'的神东精神和具有行业特点、神东特色的企业文化"，"正是靠着这种精神激励和文化传承，一代又一代神东人战胜了一个又一个难以想象的困难，攻克了一座又一座技术堡垒，走出了一条中国式现代化的煤炭产业发展之路。"

"要把神东精神、神东文化作为我们的传家宝，广大党员干部要带头示范，增强传承和发扬的思想自觉和行动自觉，把精神传承、文化建设作为一项系统工程、长远工程抓实抓好。"

当时光穿梭回2012年，公司正式开启首届道德模范评选活动。

那一年，"认死理儿"的张海源，用工程的质量和安全亮出了他的道德"成绩单"；矿嫂许学峰用爱和顽强的意志为丈夫创造了生命的奇迹；天车工武艳坚持做好事，为大山里的孩子送去温暖……

从那以后，道德的力量越来越深厚；从那以后，神东的文明风尚越来越浓厚；从那以后，道德模范评选这一传递向上向善正能量的活动一直在延续。至今，共评选出道德模范、身边好人、最美矿工共计115人。

图为神东第三届道德模范颁奖典礼

来源：国能神东煤炭新闻中心

虽然他们的年龄和职业各不相同，但每个人都闪耀着光芒，以自己的热忱、勇敢、诚实、敬业和孝爱赢得了赞誉，展现了神东向上向善的精神风貌，成为社会前行的正能量。

这对于台下观礼的2023年新入企大学生来说无疑是一堂最生动的道德讲堂，既滋润他们的道德心田，更强化了他们的思想认同。

"道德模范、最美矿工传播的是社会正能量，传递的是温暖情怀，传承的是民族美德。我们要向他们学习。"

"道德模范和最美矿工身上体现了神东精神，是公司最可爱的人，我们向他们致以崇高的敬意！"

……道德模范颁奖典礼现场，新入企的大学生们感情真挚地表达着对榜样的敬意。

道德的力量一次次在观众心中激起涟漪。设备维修中心的王敏感慨地说，"这些看似平凡的伟大，朴实又真切的感动，如同一道道阳光，汇聚成了温暖神东的万丈光芒。"

"未来，我们应该将这些特有的神东精神传承好，发扬好！"企业文化中心的王玉丽坚定地说道。

今天的神东，道德底蕴愈加深厚，文明风尚厚积成势。未来的神东，将继续持续营造"崇德向善、见贤思齐"的公德氛围，引导全体干部职工见贤思齐，用爱心善举凝聚起强大精神力量，为公司高质量发展提供更加强大的精神力量和道德支撑！

撰写人：新闻中心　梁小燕　党委办公室　霍永霞

点评

神东评出的道德模范，身处一个个普通的岗位，他们或敬业奉献，或孝老爱亲，或见义勇为，或助人为乐，或诚实守信，在平凡中迸发崇高的道德风尚。他们是社会主义道德的践行者、民族精神和时代精神的引领者，也是神东精神的承载者。他们的力量润物无声，感染着周围越来越多人，共建美好的新时代。

QC 小组活动　走上全国大舞台

"人类社会发展历程中，每一次质量领域变革创新都促进了生产技术进步、增进了人民生活品质。"

——习近平

"IND 246 Platinum.（印度，246 号，铂金奖）；

IND 145 Platinum.（印度，145 号，铂金奖）；

CHN 052 Platinum.（中国，052 号，铂金奖）；

…………

Thanks everyone!（谢谢大家！）"

2020 年 12 月 2 日 19 点 04 分第 45 届国际质量管理小组发表赛结果公布。当时会场内寂静无声，作为代表国家能源集团参加本次大赛的"超越"QC 小组 3 名成员亦是满脸疑惑，为什么不是"Gold""Silver"or"Bronze"（金奖、银奖、铜奖）？片刻沉静后，会场主持人满心欢喜地宣布："铂金奖是本次大赛的最高奖项，恭喜大家！"顿时，热烈的掌声与欢呼声充满整个会场，国人的自豪在这里升腾。

这是"超越"QC 小组历经层层选拔，将国家能源集团 QC 小组活动展示在国际舞台上的精彩时刻，也是神东在质量管理方面取得傲人成绩、走上全国大舞台的一个精彩时刻。神东 QC 小组活动完成了在国内、国际竞赛中丰富经验的积累，为更广泛发动员工参与质量创新活动奠定了基础，有效地推动公司全面质量管理工作。

优秀的活动成果来自于优秀的团队，优秀的团队在不断的磨炼和洗礼中成长。"超越"QC 小组起初在设备维修中心成立，是神东数百个优秀质量管理小组中的一员。不断开展活动、不断取得成果、不断斩金夺银的磨炼洗礼的道路上，"超越"QC 小组不断获益成长。

图为设备维修中心"超越"QC小组参加第五届中央企业QC小组成果线上发表赛现场汇报

来源：国能神东煤炭设备维修中心

有一个闪光决定品质提升

2015年，作为设备维修中心首个QC小组，"超越"QC小组成立之初，组长白鑫带队调研了7个矿井40多台连采掘进设备，统计发现电控箱接线问题占了所有调研问题的36%。而随后的现状调查却又给小组画上一个问号——日常返工中接线松动和接线错误两项问题占电控箱日常返工的88.89%。

这是不是关键问题？是谁在捣乱制造的问题？作为质量经理的白鑫意识到解决这个问题很重要，但作为组长的他还想试试QC的理论是否能更好地剖析问题，于是组织召开小组会议。那次会议小组扩编现场质检人员、检修人员共同探讨，应用5M1E原因分析法，经多轮头脑风暴、现场验证、现场测试，最终确定了"未做针对性培训""控制线未做保护""使用不自锁线鼻子"等5项因素是导致电控箱接线松动和错误问题的主要原因。

趁着火热的劲头，小组成员们制订解决对策并逐一实施，取得预期效果。此后，连采掘进设备在矿井服务、日常返工的关键问题中，电控箱接线问题再也没有出现过。"质量是个良心活儿，得靠大家的共同努力，以不断创新去提升。""超越"QC小组部门经理张蒙达如是说。

有一种支持叫作情同与共

"超越"QC小组在活动中成长、在实践中创新，不断攻克连采掘进设备检修中的难题，但活动推进也不是一帆风顺的。2019年，降低连采机运输槽修复不合格率课题在对策实施阶段陷入困境，小组设计的定位工装无法满足定位误差要求，多次改进却效果甚微。这一难题不解决，就会严重影响整个课题的开展。设备维修中心质量部获悉后，邀请焊接大师顾秀花现场指导，经过大家的不懈努力，定位工装的误差问题得到有效控制，小组活动及课题研究得以顺利推进。

2020年，"超越"QC小组受邀参加ICQCC国际质量管理小组大赛，需要英文发布，公司党委和中心领导都给予高度支持，积极协调解决困难，具有丰富对外交流经验的设备维修中心主任助理高喜军指导翻译演讲稿，新闻中心工作人员在演讲、仪容仪表等方面给予指导……最终在多方支持和帮助下，"超越"QC小组代表成功完成发布。

有一束星火在基层点亮

"超越"QC小组的不断进取影响和带动了设备维修中心更多QC小组开始深耕提质增效这片沃野。

"卖油翁"QC小组以别具一格的活动形态，在检修检测方面探索新方法、新手段，为采煤机、MMD破碎机、胶带机等设备检修提供了多项技术保障，有效促进检修质量的提升。同时，小组成员苗井浩也在活动中申请了多项国家专利。

"睿智"QC小组深挖电机检修一线质量问题，注重小组成员综合能力提升，携手解决了JOY电机高温故障、大修电机振动大、变频电机电器件测试等老大难问题，小组活动成果也跻身到国家能源集团特等奖行列。

QC小组活动的推广应用日渐受到基层员工的喜爱，不仅在于活动成果的荣誉和奖励，更多的是小组成员共同面对问题、解决难题、见证成功所带来的精神层面的满足。三越、腾飞、优+优、支梦、战狼团等一个个耳熟能详的QC小组，在不同的工作环境下，不同的设备检修任务间，不断发挥QC小组力量，为设备维修质量提升突破自我、超越自我，创造价值。

近年来，设备维修中心致力于打造具有特色的"三全一多"QC小组活动推进模式，即：多层级、全部门、全业务、全过程，激励全体员工以提升矿井设备维修质量和服务满意度为目标开展活动。QC小组活动推进过程中，设备维修中心注重发挥"铺路子、架梯子、搭台子"作用，以群众性质量提升凝聚共识，上下结合、共同推进，设立优秀成果评选机制和激励员工的奖励原则，积极营造"树标杆、求突破、争一流"氛围；以现场检修质量问题为导向，培育发展活动推进者和积极分子，推荐优秀成果广泛参与国内外对标交流；以优促优激起活动热潮，切实彰显"勤总结、夯基础、促提升"价值；以质量创新为突破点，建立和优化检修工艺、检修标准，创造新检修流程和方法，促进经济效益、社会效益和员工成长。

从2007年起，神东在全公司范围内推广QC小组活动，设备维修中心为保障矿井设备在生产中安全可靠运行，不断健全、优化质量管理体系，深入推进全面质量管理，更加注重QC小组活动。历经数年探索和实践，设备维修中心取得显著质量提升效果，获得了行业、国际多项大奖，培育了"乌金花"QC小组、"乘风破浪"QC小组、"超越"QC小组等6个全国优质管理小组，该中心被评为"全国质量管理小组活动优秀单位"。

撰写人：张强

📋 **点评**

神东QC小组荣获世界大奖的背后，是神东对基层创新的重视与坚持，设备维修中心QC团队经历了从0到1、从1到N的过程，形成了具有自身特色的多层级、全部门、全业务、全过程"三全一多"QC小组活动推进模式。最初的"超越"QC小组以赛代练，种下了一颗种子，进而萌发了"卖油翁"QC小组、"睿智"QC小组等新芽，再到经验推广至全公司，对激发广大职工积极参与质量改进与创新活动起到了积极促进作用。

"三自"模式激发班组活力

"改革开放中许许多多的东西，都是群众在实践中提出来的。"

——邓小平

"管理是一门艺术，每个人都有自己独特的思路，没有标准答案，只有适合的管理方法。"这是榆家梁煤矿班组管理体验课后，机运二队员工高岗发自内心的感触。

班组管理体验课是榆家梁煤矿班组建设工作的一种创新。体验课上，通过设置一系列发生在工作实践中的问题进行模拟管理，让普通员工站在班组长的角度、班组长站在区队长的角度思考和解决问题，并由现场员工讨论、审议，打分评判。通过这个形式，高岗对自己的思想、知识和能力有了更直接的认识，学会站在管理角度思考问题，深刻领悟了自主管理的重要意义。

图为榆家梁煤矿班组管理体验课现场

来源：国能神东煤炭榆家梁煤矿

自2008年以来，榆家梁煤矿班组建设工作先后经历了经验管理、制度管理、文化管理三个阶段探索，在实践中越发认识到自主管理才是管理实践的最终方向。经过多年经验及实践积累，最终确定了"3+1"即"经验、制度、文化+自主"管理的班组建设工作思路。"自主"管理是一种自下而上的管理方式，在实践中形成了"区队自治、班组自主、员工自律"的"三自"理念。

区队自治，打造员工展示平台

榆家梁煤矿综采三队党支部副书记周茂是负责队里班组建设工作的队干。每月矿里下发班组建设活动主题，由区队围绕主题结合实际组织活动。这是让周茂最为上心的工作，不仅是因为涉及矿里的考核评比，更是因为他自己从中收获了许多思考与成长。

图为榆家梁煤矿班组长举办"五讲十问"班组建设警示教育活动

来源：国能神东煤炭榆家梁煤矿

在一次"我是班长，我最棒"班组建设主题活动中，周茂和其他队员经过精心商讨后，决定以PK赛的形式，对队里班组长的个人知识、组织和管理能力进行综合考核。

这一活动让班长邱锐波有些坐不住了。"你让我干活行，让我上台说话，还要拉票，这真不行。"邱锐波生性腼腆，对这种形式的活动内心有些胆怯，他找到周茂想要退出比赛。

周茂了解邱锐波的性格，自然不会让他缺席这一锻炼的机会。

"赛场上，邱锐波的表现让熟悉他的人眼前一亮，后来他找到我说，没想到自己还有这个能力，自己都大吃一惊。"周茂欣喜这一场主题活动不仅促进了各个班组间团结与和谐，更帮助大家认识自己，发现自己，这也引发了他很多的思考。

"我参与班组建设工作以来，感觉自己的思维、规划、组织等能力得到了提升，人也自信了很多，习惯站到更高角度看待问题。同时，我也感觉这些年的班组建设工作改变了整个矿井的精神气儿，大家都养成了向上、向好的习惯。"周茂说起班组建设工作带来的变化，不由得从内心点赞。

将班组建设工作自主权交给区队，由区队搭建班组竞技擂台、展示舞台，组织班组技术比武、知识竞赛，开展形式多样的自主管理活动，激活一线潜能，实现班组建设与业务实际互融互促。如今，榆家梁煤矿各个区队班组建设各具特色，整个矿井朝气蓬勃，呈现出百舸争流、千帆竞发之势。

班组自主，让班组长担当更强

想要提升班组管理，必须先提升排头兵、领头雁的素质。榆家梁煤矿通过公推直选、公开竞聘，将一批有能力、有思想、德才兼备的优秀人才选任到班组长岗位；建立班组长阶梯培养计划，按照基础、提升和超越三个等级，进行分级分类培训培养；成立班组长协会，常态化组织班组长素质演讲比赛，评选表彰明星班组和十佳班组长，在工作过程中用好班组长、管好班组长，促使其成长成才。

任利鹏是综采三队新上任的技术员。在综采一队当班组长时，他所在的班组连续两年被公司评为"金牌班组"。他不仅履历牛，更牛的是能力。他刚到队里时，在一次带班中碰到工作面支架咬压的情况，队里接到消息后，立即组织地面人员下井查看解决。

"我们人还没到工作面，就得到消息说问题差不多解决了，不用来了。"队干们还是不放心，就到工作面去看看。原来是任利鹏在现场组织协调，已经处理了这次问题。

"上手快，工作完全能胜任。"对于大家给予的好评，任利鹏倒有些不好意思了。他直言"是矿里的平台好，让自己得到锻炼与成长"。

榆家梁煤矿不只在班组长培养与管理上下功夫，更深知班组是企业组织体系中最基层单元，是各项工作开展的前沿阵地，坚持向班组建设要安全、要效益是管理提升的不二法宝。在安全管理中，各班组针对不安全行为人员开展"五讲十问"警示教育。该项活动开展以来，有20多个班组组织了员工教育，矿里员工不安全行为呈直线下降趋势，越来越多的员工都能自觉杜绝违章作业。

员工自律，激发队伍自我管理

在管理的基本概念中，最重要的核心要素是人。管人实际上是对人的价值的一种尊重。对于这一点，榆家梁煤矿的管理者深谙其道，在班组建设管理工作中尊重员工，充分发挥员工价值，在矿内实行全员自信培养。

李涛是运转队检修工，被大家记住的则是他"喊麦"的技能。在一次矿里的晚会中，他和搭档康鹏两人将矿里班组建设成绩用喊麦的形式表演出来，自此"一喊成名"，他们登上了公司班组建设晚会的舞台，也代表矿里参加了周边地区的文艺活动，展现出新时代矿工的精神面貌。

"我参加工作一段时间后，觉得整个人心态很疲倦，没有朝气。自从我的爱好被大家认可，感觉自己一下子又有了活力，工作也不疲倦了，总之干什么都觉得有意思。"2017年年底，李涛因为突出的表现和业务技能，顺利通过公司优秀劳务工选拔招聘考试，成为神东的正式员工。

榆家梁煤矿不仅尊重员工价值，还为员工提供实现自我的平台，组织员工讲课分享知识，拍摄班组微电影，让员工当主角，增强存在感和价值认同感，不断增强员工的自信。

越自信，越自律，越自强。这一点在李涛身上得到了印证。李涛闲下来的时候，时常去矿里电教室练题，他几乎在矿里每月的学习考评中都能拿满分。

"矿里的全员学习考评，满85分合格，95分则在员工积分系统中给予1分的加分，100分则给予2分的加分。自己的积分排名靠前了以后，就想再往前一点，就会在多学习、不产生不安全行为这些方面想办法。"李涛自我管理、自我提升的热情被员工积分系统点燃了。

员工积分系统是榆家梁煤矿自主开发应用的。员工积分由基本素质分和动态加减分两部分组成。其中，基本素质分包括学历、职称、技能等级、政治面貌和荣誉等分值，计分标准统一；动态加减分则从"五型"、工作态度表现等方面考核，两项相加即是员工当月得分。每月动态累计，将分值对应星级贴在员工安全帽上，员工优秀程度一目了然，增强了员工比学赶超的意识。

榆家梁煤矿"三自"班组建设模式有效激发了基层的管理能力，筑牢了管理根基，充分尊重员工价值，工作不断创新，思维开阔，在基层焕发出富有朝气的生命力。

榆家梁煤矿连续7年被评为"公司班组建设优秀单位"，有3名班组长被评为全国优秀班组长，7个班组被评为集团百强班组，8项班组管理法获得上级公司奖励，32项管理方法在公司各煤矿单位推广学习，12项管理方法被神东借鉴应用，先后有112家单位2000余人次到矿观摩学习，新华网、《工人日报》等多家媒体对矿井班组建设工作进行了报道。

历经十多年的实践，榆家梁煤矿班组建设工作不断创新发展，"三自"模式激发班组持续动力，各基层班组呈现出自我管理、自主建设的特点，将一个个"细胞群"孕育成为充满活力的"生命体"，推进了矿井整体工作全面提升，焕发出欣欣向荣之貌。

撰写人：徐清　赵岩　王生彪

点评

榆家梁煤矿的班组建设模式已经成为行业内外知名的品牌。不同于其他企业常见的单个班组十分突出的品牌形式，榆家梁煤矿的杰出之处在于创建了一套能够激发班组建设活力，促使基层优秀班组不断涌现的工作方法，并具有可复制性，这对神东和行业都具有重要的启示和借鉴意义。

后记

优秀的企业文化是企业持续发展的精神支柱和动力源泉，是企业核心竞争力的重要组成部分。神东文化建设史就是一部我国煤炭行业踔厉奋发、砥砺奋进、改革发展奋斗史的缩影。党的十八大以来，神东在集团党组的坚强领导下，创新推动文化建设，积极进行理论研究，认真编写文化案例，精心打造文化品牌，用心创研文化文艺作品，涌现出了一系列文化建设成果。为更好地传承神东精神、彰显神东价值、凝聚神东力量，为神东高质量发展提供精神动力和文化滋养，神东编撰出版了"国能神东煤炭企业文化建设系列丛书"。这套集理论性、实践性于一体的企业文化建设系列丛书，不仅是对神东三十多年来文化建设取得成绩的全面梳理总结，更是讲好神东故事，展示神东形象、传递神东价值的重要载体。

"国能神东煤炭企业文化建设系列丛书"第一册《思想盛宴——理论篇》，集中收录了党的十八大以来公司各部门、各单位的文化思考践行者对于神东企业文化建设的理论探索、课题研究及实践经验总结，为神东企业文化建设工作者在实践工作中提供了理论依据和方法指导。第二册《行动印证——案例篇》总结编写了自2019年神东创领文化"双维度"践行模式发布以来，公司及各单位文化与管理深度融合最新、最具有价值的特色文化案例，在各单位文化践行与日常管理的深度结合方面，具有很强的指导和示范作用。第三册《绽放美好——品牌篇》从文化践行、文化惠民和文化传播三个角度，呈现了近年来神东在文化品牌建设方面的工作成果，为读者提供了一个深入了解神东文化的窗口，向社会传递了神东富有生命力的文化品牌。第四册《原创力量——文艺作品篇》用艺术的方式、优秀的作品唱响神东人爱党爱国、砥砺奋进、积极向上的良好形象，弘扬神东精神，传播神东声音。第五册《神东文韵——传统文化作品篇》用中华优秀传统文化作品表达对伟大祖国的热爱之情，彰显一代又一代神东人艰苦奋斗、开拓务实、争创一流的企业精神。

本套丛书从大纲拟定到编辑出版，经过多次反复斟酌、修改，部分文章更是几易其稿，同时邀请了经验丰富的外部专家进行指导，不仅注重丛书的可读性和实用性，更注重对神东企业文化的精准表达和传播。在策划和撰写过程中，得到了神东各级领导和广大员工的大力支持和积极参与。企业文化中心作为牵头编写单位，多次协调组织专题会议围绕章节分类、文稿撰写、作品选取等进行讨论、修改、完善，多次对全书样稿进行了逐字审核校对。各单位、各部门深度参与丛书的编写创作过程，奉献了丰富的一手资料和文字素材。神东矿区书画协会、摄影协会积极配合，认真筛选、提供文艺作品和传统文化作品。新闻中心相关人员积极参与了书稿的编辑润色和图片的筛选提供。煤炭技术研究院给予了很多技术服务支持。正是大家各尽所能、同心合力，无怨无悔地付出，使得丛书得以顺利出版。

可以说，本套丛书是全体参与者集体智慧和共同劳动的结晶。借此机会，对丛书编写过程中提供了大力支持、帮助的各方面领导、专家，相关部门和单位，以及参与编写的全体工作人员，一并致以深深的感谢！

本套丛书编辑历时一年多，规模达一百多万字。受编写水平所限，书中不当、不周之处在所难免。诚恳欢迎各位领导、专家学者和广大读者批评指正，以便我们更好地改进和提升，共同推动神东企业文化建设再结累累硕果。

编者